历史的天空

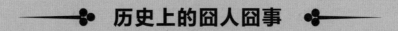

历史上的囧人囧事

历 史 的 天 空

历史上的囧人囧事

王 博 编著

 吉林出版集团有限责任公司 | 全国百佳图书出版单位

◆ 前　言 ◆

　　"囧"，本义为"光明"。从 2008 年开始在中文地区的网络社群间成为一种流行的表情符号，成为网络聊天、论坛、博客中使用最最频繁的字之一，它被赋予"郁闷、悲伤、无奈"之意。

　　"囧"被形容为"21 世纪最风行的一个汉字"。囧人囧事指人们发生各种尴尬、无奈的事情。

　　我们回看历史上的人或事，不禁会发现有些人所做的事在如今就会被看作为囧事。他们愚钝的解决方式给自己的人生带来了无法想象的巨变。

　　历史上那些帝王将相们，其中就不乏有着"囧人"之称。他们残暴、荒淫、草菅人命，为了一己之私断送了大好江山。当我们阅读这些囧人囧事，会忍不住发笑感叹。同时，也不要忘记这些活生生的例子，不要让历史的悲剧重演。

　　阅读本书，让我们了解了历史上的囧人囧事背后都蕴含着一个个深刻的道理，在嘲笑讽刺的同时，一定要吸取前车之鉴，提高个人修养。

　　在此书中，你可以看到"木匠皇帝"明熹宗、自娱自乐的汉灵帝、"白痴"皇帝晋惠帝、喜欢奢侈享受的夏桀、"荒唐皇帝"宋真宗、善于作秀的雍正皇帝、最懒惰的明神宗、北齐"酒鬼"皇帝高洋等等，他们身为一代帝王，在治理国家的同时也有荒诞不羁的一面，或许正是因为他们的不务正业，才会使自己的江山早早断送。

　　如果你想知道更详尽的内容，就请打开这本书吧！和我一起领略他们彪悍的人生。

◆ 目 录 ◆

皇帝篇

◆ 目 录 ◆

皇帝篇

历史的天空

历史上的囧人囧事

◆ 目　录 ◆

文人篇

◆ 目　录 ◆

文人篇

历史的天空

历史上的囧人囧事

皇帝篇

"木匠皇帝"明熹宗

明熹宗朱由校,明朝第十五位皇帝,明光宗朱常洛长子,光宗在位仅29天因"红丸案"而暴毙,朱由校经过"移宫案"风波,为群臣拥立继位。因其父不得祖父明神宗的宠爱,他自幼也备受冷落。神宗临死前才留下遗嘱,册立其为皇太孙。

他16岁即位,登基后后金威胁日益严重,内部宦官干政愈演愈烈,明朝民生凋敝、日薄西山。后因意外落水成病,1627年因服用"仙药"而死,终年23岁,遗诏立五弟信王朱由检为帝,即后来的明思宗,其庙号熹宗,谥号达天阐道敦孝笃友章文襄武靖穆庄勤悊皇帝,葬十三陵之德陵。

明熹宗朱由校即位后令东林党人主掌内阁、都察院及六部,东林党势力较大,众正盈朝。杨涟、左光斗、赵南星、高攀龙、孙承宗、袁可立等许多正直之士在朝中担任重要职务,方从哲等奸臣已逐渐被排挤出去,吏制稍显清明。由于杨涟等人在帮助天启帝即位时尽心尽力,因此,天启帝对这些东林党人也是非常信任,言听计从。

这时的后宫之中,两颗毒瘤正在悄悄地生长。这两个毒瘤就是魏忠贤与客氏。魏忠贤原为一市井无赖,大字不识,却善于钻营,很快攀上了大太监王安的关系,并结识了当时还是皇太孙的天启帝,天启帝继位后,他的地位自然直线上升,升任司礼秉笔太监。客氏是天启皇帝的奶妈,其奸诈而贪权,魏客两人很快结成了同盟,成为了后宫不可一世的力量。王安等太监在后宫逐渐被排挤,客魏的权力覆盖了整个后宫。但魏忠贤并不满足,决心成为权倾朝野,名副其实的大太监。

一方面,魏忠贤引诱天启帝玩乐,使天启帝整日沉浸在木工活之中。另一方面,魏忠贤与朝堂上的一些文臣如崔呈秀之流相勾结,排挤东林党人,逐渐掌握了内阁和六部。魏忠贤常常趁天启帝在专心制作木器时启奏, 这时天启帝总是厌烦地说:"朕知道了,你去照章办理就是了。"

由于没有文化,天启帝发布命令指示,只能靠听读别人的拟稿来决断。天启帝又不愿意全听别人摆布,往往不懂装懂,一纸草诏、半张上谕,经多次涂改,往往弄得文理不通,颁发出去,朝野人士看了啼笑皆非。

天启帝朱由校是明光宗朱常洛的儿

明熹宗像

子、明神宗朱翊钧的孙子。因神宗在位时只顾自己寻欢作乐，无暇顾及皇太孙的读书问题，自己也不喜欢朱常洛这个儿子，光宗又是一个短命的皇帝，因此，16岁的天启帝继位时，文化程度很低，堪称"文盲皇帝"。

有一次，江西抚军剿平寇乱后上章报捷，奏章中有"追奔逐北"一句，原意是说他们为平息叛乱，四处奔走，很是辛苦。皇帝身边的一个叫何费的太监胸中也没有多少墨水，念奏章时，把"追奔逐北"读成"逐奔追比"。解释时，把"逐奔"说成是"追赶逃走"，把"追比"说成是"追求赃物"。天启帝听了大发雷霆。江西抚军不但未得到奖赏，反而受到"贬俸"的处罚。

一年，扶余、琉球、暹罗三国派使臣来进贡。扶余进贡的是紫金芙蓉冠、翡翠金丝裙，琉球进贡的是温玉椅、海马、多罗木醒酒松，暹罗进贡的是五色水晶围屏、三眼鎏金乌枪等。在金殿上，尽管使臣递上的是用汉文写的奏章，宦官魏忠贤接了，由于也是目不识丁，忙转手递给天启帝，天启帝装模作样地看了半晌，把进贡的奏章当成是交涉什么问题的奏疏，不由大怒起来，将奏章往地下一掷，说："外邦小国好没道理！"说罢拂袖退朝。

以上说熹宗文盲不是史实，但能说明天启皇帝文化水平不高，不可否认，由于神宗不喜欢太子，所以让太孙的学业荒废。但是也不至于文盲，天启的后期老师就是著名战略家孙承宗，还有董其昌、袁可立也都担任过天启的老师。一般皇子、皇孙，在不到八九岁时，都会请名师授学，可能当时给天启请老师不受重视，但是绝不可能是文盲，因为天启帝很小就没有母亲，父亲朱常洛自身太子之位都不稳，母亲的地位又低，宫里几乎没人看好朱由校，所以几乎除了客氏没什么人会看重这个小皇孙。也只有乳母客氏对他关爱。

古代的老师非常严格，皇子常常是冬天的晚上还要在灯下看书，客氏经常给小朱由校送茶送点心。对他关心备至，十几年没变过，朱由校也都记在心里，所以后来即位对客氏言听计从，客氏的儿子都封了官。魏忠贤也勾结客氏作恶。天启从一般人来说并不坏，只是不管朝政，朝政被魏忠贤把持，而且天启与明武宗朱厚照比，也不一样，天启帝朱由校比较安静，一般只在皇宫里玩，玩累了就做木工。而明武宗好动，常常会出去扰民。这两个皇帝也都是 16 岁即位都不亲自管理朝政，只是武宗时，有贤臣辅佐，而天启没有，但是要注意的是，熹宗在位期间，虽然本来不理政，但是对付后金的宁锦防线，却是在他在位时建立好的，这成了明朝抗击后金的主要防线。而且孙承宗、袁可立、毛文龙等名将也是在天启朝前期提拔的，抗击后金的功绩也都是在天启朝获得的。

魏忠贤像

明熹宗朱由校不仅贪玩，而且还玩得很有"水平"，朱由校自幼便有木匠天分，他不仅经常沉迷于刀锯斧凿油漆的木匠活之中，而且技巧娴熟，一般的能工巧匠也只能望尘莫及。据说，凡是他所看过的木器用具、亭台楼榭，都能够做出来。凡刀锯斧凿、丹青揉漆之类的木匠活，他部要亲自操作，乐此不疲，甚至废寝忘食。

他手造的漆器、床、梳匣等，均装饰五彩，精巧绝伦，出人意料。史书记载；明代天启年间，匠人所造的床，极其笨重，十几个人才能移动，用料多，样式也极普通。明熹宗朱由校经自己设计图样，亲自锯木钉板，一年多工夫便造出一张床，床板可以折叠，携带移动都很方便，床架上

明代家具

还雕镂有各种花纹，美观大方，为当时的工匠所叹服。

熹宗还派内监拿到市面上去出售，市人都以重价购买，天启帝更加高兴，往往下到半夜也不休息，常令身边太监做他的助手。明熹宗朱由校的漆工活也很在行，从配料到上漆，他都自己动手，并喜欢创造新花样，让身旁太监们欣赏评论。明熹宗朱由校还喜欢在木制器物上发挥自己的雕镂技艺。沉香刻寒雀，论价十万缗。天启帝雕琢玉石，也颇精工，他常用玉石雕刻各种印章，赐给身边的大臣、宫监。

每到冬季，西苑冰池封冻，冰坚且滑。

明熹宗朱由校便命一群太监随他一起玩冰戏。他亲自为自己设计了一个小拖床，床面小巧玲珑，仅容一人，涂上红漆，上有一顶篷，周围用红绸缎为栏，前后都设有挂绳的小钩，明熹宗朱由校坐在拖床上，让太监们拉引绳子，一部分人在上用绳牵引，一部分人在床前引导，一部分人在床后推行。两面用力，拖床行

进速度极快,瞬息之间就可往返数里。整个工程中明熹宗朱由校都亲临现场。

明熹宗朱由校亲手制作的娱乐工具也颇为精巧。他用大缸盛满水,水画盖上圆桶,在缸下钻孔,通于桶底形成水喷,再放置许多小木球于喷水处,启闭灌输,水打木球,木球盘旋,久而不息,天启帝与妃嫔在一起观赏喝彩。有一次他做了个花园,里面的人可以走路,鸟可以唱歌,水能流动。

除木工活外,天启帝还醉心于建筑。吴宝崖在《旷园杂志》中写到天启帝曾亲自在庭院中造了一座小宫殿,形式仿乾清宫,高不过三四尺,却曲折微妙,小巧玲珑,巧夺天工。他还曾做沉香假山一座,池台林馆,雕琢细致,堪称当时一绝。天启帝喜欢踢球,常与太监在长乐宫打球,天启帝觉得玩起来不过瘾,就亲手设计,建造了五所蹴园堂。

面对这样的主子,奸宦魏忠贤当然不会错过这个良机,他常趁天启帝引绳削墨,兴趣最浓时,拿上公文请天启帝批示。

明朝旧例,凡廷臣奏本,必由皇帝御笔亲批;若是例行文书,由司礼监代拟批问,也必须写上遵阁票字样,或奉旨更改,用朱笔批,号为批红。

天启帝潜心于制作木器房屋,便把上述公务一概交给了魏忠贤,魏忠贤借机排斥异己,扩充势力,专权误国。而天启帝却耳无所闻,目无所见,可叹他是一名出色的工匠,却使大明王朝在他的这双手上摇摇欲坠。

烽火戏诸侯的周幽王

　　烽火戏诸侯，指西周时周幽王，为褒姒一笑，点燃了烽火台，戏弄了诸侯。褒姒看了果然哈哈大笑。幽王很高兴，因而又多次点燃烽火。后来诸侯们都不相信了，也就渐渐不来了。后来犬戎攻破镐京，杀死周幽王，于是周幽王的儿子平王即位，开始了东周时期。

　　当时周室王畿所处之关中一带发生大地震，加以连年旱灾，使民众饥寒交迫、四处流亡，社会动荡不安，国力衰竭。而周幽王是个荒淫无道的昏君，他不思挽救周朝于危亡，奋发图强，反而重用佞臣虢石父，盘剥百姓，激化了阶级矛盾；又对外攻伐西戎而大败。这时，有个大臣名褒珦，劝谏幽王，周幽王非但不听，反而把褒珦关押起来。

　　褒珦在监狱里被关了三年。褒族人千方百计要把褒珦救出来。他们听说周幽王好美色，正下令广征天下美女入宫，就借此机会寻访美女。在褒城内找到一位姒姓女子，教其唱歌跳舞，并把她打扮起来，起名为褒姒，献于幽王，替褒珦赎罪。

　　幽王见了褒姒，惊为天人，非常喜爱，马上立她为妃，同时也把褒珦释放了。幽王自得褒姒以后，十分宠幸她，一味过起荒淫奢侈的生活。褒姒虽然生得艳如桃李，却冷若冰霜，自进宫以来从来没有笑过一次，幽王为了博得褒姒的开心一笑，不惜想尽一切办法，可是褒姒终日不笑。为此，幽王竟然悬赏求计，谁能引得褒姒一笑，赏金千两。这时有个佞臣叫虢石父，替周幽王想了一个主意，提议用烽火台一试。

烽火本是古代敌寇侵犯时的紧急军事报警信号。由国都到边镇要塞，沿途都遍设烽火台。西周为了防备犬戎的侵扰，在镐京附近的骊山一带修筑了 20 多座烽火台，每隔几里地就是一座。一旦犬戎进袭，首先发现的哨兵立刻在台上点燃烽火，邻近烽火台也相继点火，向附近的诸侯报警。诸侯见了烽火，知道京城告急，天子有难，必须起兵救王，赶来救驾。虢石父献计令烽火台平白无故点起烽火，招引诸侯前来白跑一趟，以此逗引褒姒发笑。

昏庸的周幽王采纳了虢石父的建议，马上带着褒姒，由虢石父陪同登上了骊山烽火台，命令守兵点燃烽火。一时间，狼烟四起，烽火冲天，各地诸侯一见警报，以为犬戎打过来了，果然带领本部兵马急速赶来救驾。到了

周幽王塑像

骊山脚下，连一个犬戎兵的影儿也没有，只听到山上一阵阵奏乐和唱歌的声音，一看是周幽王和褒姒高坐台上饮酒作乐。

周幽王派人告诉他们说，辛苦了大家，这儿没什么事，不过是大王和王妃放烟火取乐，诸侯们始知被戏弄，怀怨而回。褒姒见千军万马召之即来，挥之即去，如同儿戏一般，觉得十分好玩，禁不住嫣然一笑。周幽王大喜，立刻赏虢石父千金。周幽王为此数次戏弄诸侯们，诸侯们渐渐地再也不来了。

周幽王为进一步讨褒姒欢心，又罔顾老祖宗的规矩，废黜王后申氏和太子宜臼，册封褒姒为后，立褒姒生的儿子伯服为太子，并下令废去王后的父亲申侯的爵位，还准备出兵攻伐他。申侯得到这个消息，先发制人，联合缯侯及西北夷族犬戎之兵，于公元前771年进攻镐京。周幽王听到犬戎进攻的消息，惊慌失措，急忙命令土兵在烽火台点燃烽火。烽火倒是烧起来了，可是诸侯们因上次受了愚弄，这次都不再理会。

烽火台上白天冒着浓烟，夜里火光烛天，可就是没有一个救兵到来。使得周幽王叫苦不迭。镐京守兵本就怨恨周幽王昏庸，不满将领经常克扣粮饷，这时也都不愿效命，犬戎兵一到，便勉强招架了一阵以后，一哄而散，犬戎兵马蜂拥入城，周幽王带着褒姒、伯服仓皇从后门逃出，奔往骊山。途中，他再次命令点燃烽火。烽烟虽直透九霄，还是不见诸侯救兵前来。犬戎兵紧紧追逼，周幽王的左右在一路上也纷纷逃散，只剩下一百余人逃进了骊宫。

周幽王采纳臣下的意见，命令放火焚烧前宫门，以迷惑犬戎兵，自己则从后宫门逃走。逃不多远，犬戎兵又追了上来，一阵乱杀，只剩下周幽王、褒姒和伯服三人。他们早已被吓得瘫痪在车

周幽王烽火台

中。犬戎兵见周幽王穿戴着天子的服饰，知道就是周天子，就当场将他砍死。又从褒姒手中抢过太子伯服，一刀将他杀死，只留下褒姒一人做了俘虏。至此，西周宣告灭亡。

此时，诸侯们才知道犬戎是真的打进了镐京，这才联合起来，带着大队人马来救援。犬戎看到诸侯的大军到了，把周朝多少年聚敛起来的宝贝财物一抢而空，纵火退却。

犬戎攻破镐京，杀死幽王退走后，申侯、鲁侯、许文公等共立原来的太子姬宜臼为天子，于公元前770年在申即位，是为周平王。因镐京已遭战争破坏，而周朝西边大多土地都被犬戎所占，周平王恐镐京难保，于公元前770年在秦军护送下迁都洛邑，在郑、晋辅助下立国。东迁后的周朝。史称东周。

自娱自乐的汉灵帝

汉灵帝刘宏,汉章帝刘炟之玄孙。生于冀州河间国。世袭解读亭侯,父刘苌早逝,母董氏。汉桓帝刘志逝世后,刘宏被窦氏外戚家族挑选为皇位继承人。刘宏登基后,改元建宁,其执政期间,大部分时间施行党锢及宦官政治,且设置西园,巧立名目搜刮钱财,甚至卖官鬻爵以用于自己享乐。

永康元年十二月二十八日,皇帝刘志驾崩于德阳前殿,谥号为孝桓皇帝。皇后窦妙为太后,临朝问政。刘志无子继位,窦妙便和她父亲城门校尉窦武商议,最终选择了堂侄刘宏继承大统。窦妙派侍御史奉车都尉曹节持节及率中黄门、虎贲、左右御林军千余人前往河间国迎接刘宏登基。窦武拜大将军,镇守宫中。

次年正月二十日,刘宏随迎驾队伍抵达洛阳城外夏门万寿亭,大将军窦武持节,率文武百官,以王青盖车将刘宏接入皇宫之中。次日,刘宏继皇帝位,改年号建宁,以太傅陈蕃、大将军窦武及司徒胡广三人共参录尚书事,刘宏时年十二岁。

灵帝自己深居内宫,挖空心思尝试着玩乐的新花样。内宫无驴,一善于逢迎的小黄门从外地精心选了四头驴进宫。灵帝见后,爱如至宝,每天驾一小车在宫内游玩。起初,还找一驭者驾车，几天后，索性亲自操持。皇帝驾驴车的消息传出内宫，京城许多官僚士大夫竞相模仿，以为时尚，一时民间驴价陡涨。

正当京城弥漫着驴车扬起的烟尘时，灵帝又对驴车失去了兴趣。又有宦官别出心裁，将狗打扮一番，戴进贤冠、穿朝服、佩绶带，摇摇摆摆上了朝。待灵帝认出乃一狗时，不禁拍掌大笑，赞道："好一个狗官。"满朝文武虽感奇耻大辱，却敢怒不敢言。

灵帝在后宫仿造街市、市场、各种商店、摊贩，让宫女嫔妃一部分扮成各种商人在叫卖，另一部分扮成买东西的客人，还有的扮成卖唱的、耍猴的。而他自己则穿上商人的衣服，装成是卖货物的商人，在这人造的集市上走来走去，或在酒店中饮酒作乐，或与店主、顾客相互吵嘴、打架、厮斗，好不热闹。灵帝混迹于此，玩得不亦乐乎。肆中的货物都是搜刮来的珍奇异宝，被贪心的宫女嫔妃们陆续偷窃而去，甚至为了你偷的多我偷的少而暗地里争斗不休，灵帝却一点也不知道。

刘宏曾梦见汉桓帝发怒说："宋皇后有何罪过，你听从那些

古代朝堂

邪孽的坏话,使她死去?渤海王刘悝既已自贬,又受诛毙。今宋氏及刘悝投诉于天,上苍震怒,你的罪孽难于挽救。"这个梦的内容十分明白清楚。

刘宏在醒来后很是恐慌,就把这件事询问羽林左监许永说:"这是什么不祥之兆?可以把它禳除吗?"许永答说:"宋皇后与皇上一同继承皇位,以母仪亲临天下,历年已久,四海之内都蒙受她的教化,从来没有听说有什么过失和恶声。而皇上偏听谗毁嫉妒的言辞,使她蒙受无辜之罪,身遭诛戮,祸连家族,所有臣妾,都为抱怨痛惜。渤海王刘悝是汉桓帝同母的弟弟,处理封国之事和作为藩属事奉朝廷,不曾有过错误,陛下没有经过验证审察,就加罪诛杀。从前晋侯梦见大厉鬼,披长发达到地面,是因晋侯杀了厉鬼的祖先。天地之间的道义是明白清楚的,鬼神是难于欺骗得了的。应当一并改葬,以使冤魂得到安息。让宋皇后流放了的亲族返回原籍,恢复渤海王的封爵,以期消去因此而遭致的咎衍。"刘宏没有听取许永的意见,没有多久就去世了。

刘宏公开卖官从光和元年一直持续到中平元年,卖官所得钱款都流入了灵帝自己的腰包。卖官的规定是:地方官比朝官价格高一倍,县官则价格不一;官吏的升迁也必须按价纳钱。求官的人可以估价投标,出价最高的人就可中标上任。除固定的价格外,还根据求官人的身价和拥有的财产随时增减。

一般来说,官位的标价是以官吏的年俸计算的,如年俸二千石的官位标价是二千万钱,年俸四百石的官位标价是四百万钱,也就是说官位的价格是官吏年收入的一万倍。段颍、张温等人虽然功劳很大,声望也很高,却也都是先交足了钱,才登上公位的。及至后来更变本加厉,以后官吏的调迁、晋升或新官上任都必须

汉灵帝像

支付三分之一或四分之一的官位标价，也就是说，官员上任要先支付相当他 25 年以上的合法收入。许多官吏都因无法交纳如此高额的"做官费"而吓得弃官而走。

崔烈买官的例子更能发人深省。崔烈出身于北方的名门望族，历任郡守及朝廷卿职。中平二年三月，崔烈想当司徒，便通过关系，花了 500 万钱买了个司徒。到册拜之日，宫廷举行隆重的封拜仪式，灵帝亲临殿前，百官肃立阶下。

望着崔烈春风得意的样子，灵帝突然觉得崔烈的司徒一职来得太便宜了，忍不住满怀惋惜地对随从亲信说："悔不少靳，可至千万！"旁边的中常侍插嘴说："他能出五百万，已经很不错了。像崔公这样的冀州名士，岂肯轻易买官？陛下您不知道我从中做了多少工作！"

事后，崔烈的儿子对崔烈说："大人实在不该当这个三公了。外面议论纷纷，都嫌这个官有铜臭味。""铜臭"这个典故就是从这儿产生的。

卖官已卖到朝廷的最高官职——三公，堂堂皇帝竟然贪婪地像买卖货物那样讨论着三公的价格，让人一方面感受到灵帝的贪婪，另一方面也看出当时政治的黑暗。

"白痴"皇帝晋惠帝

晋惠帝司马衷，是晋武帝司马炎第二子，母为武元皇后杨艳。泰始三年正月丁卯日，被立为皇太子，时年九岁。泰始八年，司马衷奉武帝命娶贾充的女儿贾南风为太子妃。

太熙元年四月乙酉日，晋武帝司马炎去世，皇太子司马衷即位，改年号为永熙。尊继母皇后杨芷为皇太后，立妃贾南风为皇后。同年五月辛未日，葬晋武帝于峻阳陵。五月丙子日，以太尉杨骏为太傅，辅政。八月壬午日，立子广陵王司马遹为皇太子。

晋惠帝司马衷当政后非常信任他的皇后。因此贾氏专权，甚至假造惠帝的诏书。291年迫害皇太后，废其太后位，后又杀大臣如太宰司马亮。291年贾皇后又杀皇太后。

294年和296年匈奴和其他少数民族反叛，氐人齐万年称帝，一直到299年这次反叛才被消灭。

同年贾后开始迫害太子遹，首先废他的太子地位。次年杀太子。这个举动成为许多反对贾后专政的皇族开始行动的起点。赵王司马伦假造诏书废杀贾后，杀大臣如司空张华等，自领相国位，这是八王之乱的开始。恢复原太子的地位，立故太子之子司马臧为皇太孙。300年8月，淮南王司马允举兵讨伐司马伦，兵败被杀。同年 12 月，益州刺史赵廞协同从中原逃到四川的流民在成都造反。

301 年司马伦篡位，自立为皇帝，惠帝被改为太上皇，太子司马臧被杀。3 月，齐王司马冏起兵反司马伦，受到成都王司马颖、河间王司马颙、常山王司马乂等的支持。司马伦兵败。淮陵王司马漼杀司马伦的党羽，驱逐司马伦，引惠帝复位。司马伦被杀。五月，立襄阳王司马尚为皇太孙，并以羊献容为皇后。6 月，东莱王司马蕤谋推翻司马冏的专权，事漏被废。12 月，李特开始在四川反晋，这是成汉的起点。

302 年初，皇太孙司马尚夭折，司马覃被立为太子。五月，李特在四川击败了司马颙派去讨伐他的军队，杀广汉太守张微，自立为大将军。12 月，司马颖、司马颙、新野王司马歆和范阳王司马虓在洛阳聚会反司马冏的专政。司马乂乘机杀司马冏，成为朝内的权臣。303 年 3 月，李特在攻成都时被杀，但他的儿子李雄就占领了成都，到年末，李雄几乎占领了整个四川盆地。5 月张

四川盆地

昌、丘沈反，建国汉，杀司马歆。8月，司马颖和司马颙讨伐司马乂。10月，司马颙的军队攻入长安，在此后的洗劫中上万人死亡。此后两军在长安城外对阵，连十三岁的少年都被征军，同时两军都征募匈奴等的军队。最后司马乂兵败被杀。司马颙成为晋朝举足轻重的人物。

304年初，惠帝感到受到司马颙的威胁越来越大，因此下密诏给刘沈和皇甫重攻司马颙，但没有成功。司马颙的军队在洛阳大肆抢劫。2月废皇后羊氏，废皇太子司马覃，立司马颖为皇太

古代长安城

弟。司马颖和司马颙专政。但六月京城又发生政变，司马颖被逐，羊氏复位为皇后，司马覃复位为太子。

7月，惠帝率军讨伐司马颖，在荡阴被司马颖的军队战败，惠帝面部中伤，身中三箭，被司马颖俘虏。羊氏和司马覃再次被废。8月，司马颖被安北将军王浚战败，他挟持惠帝逃亡到洛阳。一路上只有粗米为饭。

11月，惠帝又被司马颙的将军张方劫持到长安，张方的军队抢劫皇宫，将皇宫内的宝藏洗劫一空。到年末司马颙再次在长安一揽大权，司马越成为太傅。同年李雄在成都称成都王，成汉

建国,刘渊自称汉王,建立前赵。305年司马颙和张方的军队、司马颖的军队、司马越的军队和范阳王司马虓的军队在中原混战,基本上中央政府已经不存在,中国边缘的地区纷纷独立。到305年末,司马越战胜,司马颙杀张方向司马越请和,但无效。

306年司马越手下的鲜卑军队攻入长安,大肆抢劫,二万多人被杀。9月,司马颖被俘,后被杀。

在"八王之乱"中,被赵王司马伦篡夺了帝位。光熙元年十一月十七日夜里,晋朝皇帝司马衷在长安显阳殿因为吃了司马越毒饼而驾崩,终年48岁,被安葬于太阳陵,他的弟弟晋怀帝司马炽即位,改元永嘉。

晋惠帝是中国历史上典型的昏庸无能的皇帝。他从小就不爱读书,整天只懂吃喝玩乐,不务正业。司马炎对此很发愁,担心司马衷会丢了祖宗开创的家业。有一次,司马炎为了测验一下司马衷的思维能力,特意出了几道问题考他,并限他三天之内交卷。司马衷拿到题目以后,不懂作答。他的妻子贾南风是个很聪明的人,便立刻请来几位有学问的老先生为司马衷解答难题。

司马炎看了答卷后,以为儿子的思维还是很清楚的,也就放心了。可是司马炎一死,司马衷即位,遇事要他自己定策,就闹出了不少笑话。

有一年夏天,惠帝与随从到华林园去玩。他们走到一个池塘边,听见里面传出呱呱的青蛙叫声。惠帝觉得很奇怪,于是便问随从这些咕呱乱叫的东西,是为官或是为私的?随从就说:"在官家里叫的,就是官家的;若在私家里叫的,就是私人的。"

又有一年闹灾荒,老百姓没饭吃,到处都有饿死的人。有人把情况报告给晋惠帝,但晋惠帝却对报告人说:"没有饭吃,他们为什么不吃肉粥呢？"报告的人听了哭笑不得，灾民们连饭都吃不上，哪里来肉粥呢？由此可见晋惠帝是如何的愚蠢糊涂。

晋惠帝于 267 年被立为太子，作为次子他被立为太子是因为他的哥哥司马轨很早就死了，也有说是晋武帝为了将来传位给他宠爱的聪明孙子潜怀太子司马遹。

晋惠帝像

晋惠帝一般被评价为"甚愚"或"白痴"，这个说法可能主要基于以下两个原因：首先晋惠帝显然无法解决他统治时期的政治困难，造成了"八王之乱"，他本人成为他人的傀儡，最后被东海王司马越毒死。

其次，晋武帝司马炎亲身经历了曹魏的兴衰，因而对皇朝继承人的能力和成长非常关心，但在《晋书》中记载武帝也多次对晋惠帝的能力表示怀疑并多次对他的能力进行考验，而惠帝则在太子妃贾南风及谋臣的献策下通过了这些考验。

不过，有研究认为，惠帝即使无法对付当时的政局，但从今天的医学概念来说他也不能算作是一个白痴。虽然如此，值得注意的是在《晋书·惠帝》中对惠帝时期的大事虽然有很多报道，但对惠帝本人的言行、作为和决定却所言甚少。

狂杀同姓骨肉的刘子业

刘子业，南北朝时期南朝宋皇帝。宋孝武帝刘骏长子，母文穆皇后王宪嫄。刘子业因行为过于荒淫而被废，史称"前废帝"。

大明八年闰五月十六日，孝武帝去世，同日，皇太子刘子业即位，改年号为永光。大赦天下。免去太宰江夏王刘义恭尚书令职务，加封为中书监，骠骑大将军柳元景任尚书令。十九日，设置录尚书，太宰江夏王义刘义恭任录尚书事。骠骑大将军柳元景加封为开府仪同三司。任命丹阳尹永嘉王刘子仁为南豫州刺史。

刘子业某日夜间就寝时，恍惚梦见一个女子，浑身血污，指刘子业痛骂："你悖逆不道，看你活得到明年否？"刘子业一惊而醒，回忆梦境，犹在眼前。第二天早起，向宫中巡阅，看见有一个宫女面貌，与梦中的女子相似，便命将她处斩。这夜又梦见所杀的宫女披发前来，厉色相诟道："我当杀汝！"说至此，竟捧自己的头颅，掷击刘子业，刘子业大叫一声，晕了过去。醒来后刘子业很害怕，便带了男女巫士，及彩女数百人，往华林园中的竹林堂用弓箭杀鬼。

到了竹林堂，天色已经黄昏，先由巫觋作法，做召鬼的样子，然后由刘子业亲射三箭，再命侍从依次递射。大家平白地乱射了

一回，巫觋等齐拜御前，说是鬼已尽死。刘子业大喜，便命张筵奏乐，庆祝鬼已荡平。这时拘禁在宫

南北朝时期佛像

殿的湘东王刘彧，已串通了主衣寿寂之、内监王道隆、学官令李道儿、直阁将军柳光世等共谋杀死刘子业。

刘子业在竹林堂中，设了筵席，与谢娘娘、山阴公主，一同入席欢饮，由宫女们四下奏乐，好不开怀。忽然有一群人，持刀直入，刘子业料知有变，慌忙引弓搭箭，向来人射去。偏偏一箭落空，刘子业只好向后逃走。巫觋彩女等四窜而逃。刘子业且走且呼，口中叫了数声，被一刀刺入背中，再一刀断送性命。不久湘东王刘彧即位，是为明帝。山阴公主淫乱宫闱，即日赐死，以面首三十人殉葬，刘子业被草草葬在了秣陵县南，年仅十七。

历史学家怀疑刘宋王朝的皇帝们有家族精神病，刘宋除开国初期几位君主外，多位皇位继承者这种整体性的荒淫残暴真是历代少有。但人性是复杂的，这种现象的产生也可能是由于宫廷之内的亲情关系的淡薄，权力欲望的无休止膨胀，那些皇帝们过早地看惯了世态炎凉，并且时刻感到如履薄冰。在当时那个险恶的政治环境里，几乎所有最高权力的拥有者，结局往往悲惨，已经到达一个朝不保夕的地步，因此在巨大的压力下，心理必然

会发生扭曲，他们用残暴来掩饰恐惧，用放纵来宣泄压力，非常类似于一个末世魔鬼的狂欢。

刘子业滥杀无辜，不仅狂杀自己同姓骨肉，还杀了许多大臣将军、近臣贵戚，搞得人心惶惶，朝不保夕。

刘子业特别嫉恨他的六个叔叔，于是就把他们全抓进京城，将其中最胖的三位关入笼子里。他将其中最胖的叔叔湘东王刘彧命名为"猪王"，刘休仁为"杀王"，刘休祐为"贼王"，并肆意侮辱取乐。至此刘子业已到了众叛亲离的地步。三王年纪大，对他们尤其担心和害怕，因此常将他们叫来以便与自己接近，不让离开左右。东海王刘祎平庸无才，拙劣不聪，给他取号叫"驴王"，桂阳王刘休范、巴陵王刘休若年纪小，因此反而得以从容不迫，没有受到侵害。刘子业想害死刘休仁、刘休祐等前后有数十次。

南北朝时期建筑

喜欢奢侈享受的夏桀

桀是夏朝第16代君主发之子,文武双全,赤手可以把铁钩拉直,但荒淫无度,暴虐无道。商汤在名相伊尹谋划下,曾起兵伐桀,汤先攻灭了桀的党羽韦国、顾国,击败了昆吾国,然后直逼夏的重镇鸣条。后又被汤追上俘获,放逐在此。夏桀在位52年,国亡,被放逐而饿死,为历史上著名的暴君。

夏桀在位时,各国诸侯已经不来朝贺。夏王室内政不修,外患不断,阶级矛盾日趋尖锐,民不聊生,危机四伏。但夏桀不思进取,骄奢淫逸。据《竹书纪年》记载,他"筑倾宫、饰瑶台、作琼室、立玉门"。他还从各地搜寻美女,藏于后宫,日夜与妹喜及宫女饮酒作乐。据说酒池修造得很大,可以航船,醉而溺死的事情时常发生,荒唐无稽之事,常使妹喜欢笑不已。

夏桀重用奸臣,排挤贤臣。他重用一个叫赵梁的小人,此人专投桀所好,教他如何享乐,如何勒索、残杀百姓。夏桀继位后的第十七余年,有人引见伊尹给夏桀,伊尹以尧、舜的仁政来劝说桀,希望桀体谅百姓的疾苦,用心治理天下,桀听不进去,伊尹只得离去。

太史令终古看到夏桀这样荒淫奢侈,便进宫向夏桀哭泣进谏说："自古帝王，都是勤俭爱惜人民的力量，才能够得到人民的爱戴。不能把人民的血汗供给一人的娱乐。这样奢侈，只有亡国。"

夏桀听了很不耐烦，斥责终古多管闲事，终古知道夏桀已不可救药，心里明白夏一定要灭亡的，就投奔了商汤，大臣关龙逢几次劝谏夏桀，夏桀就是不听，关龙逢说："天子谦恭而讲究信义，节俭又护贤才，天下才能安定，王朝才以稳固，如今陛下奢侈无度，嗜杀成性，弄得百姓都盼望他早些灭亡，陛下已经失去了人心，只有赶快改正过错，才能挽回人心。"

夏桀听了，非常生气，下令将关龙逢杀死，这样，夏朝朝政更加腐败，夏桀也日益失去人心，众叛亲离了。到了晚年，桀更加荒淫无度，竟命人造了一个大池，称为"夜宫"，他带着一大群男女杂处在池内，一个月不上朝。正是这样，夏桀把夏朝推向了灭亡的境地。

夏桀为政残暴，破坏农业生产，对外滥施征伐，勒索小邦。他即位后的第三十三年，自负勇武，便发兵征伐有施氏，有施氏抵抗不过，请求投降，便把多年来积攒的珍奇全部取出，又从民间挑选许多年轻美貌的姑娘，一起进贡给夏桀，在这许多美女中，有个叫妹

夏桀创意图

33

喜的,因其美貌,令夏桀满心欢喜,便当即下令撤军回去。

夏桀听妹喜说,她原是有施国君的义女,主动要求来侍奉夏王的,心中更是欣喜若狂,第二天就把妹喜封为皇后,宠爱无比。他觉得原来的那些宫室都不配给妹喜居住,于是就下令征集民夫,为妹喜重新造一座华丽的高大的宫殿,远远望去,宫殿耸入云天,浮云游动,好像宫殿要倾倒一样,因此,这座宫殿就被称之为倾宫。宫内有琼室瑶台,象牙嵌的走廊,白玉雕的床榻,一切都奢华无比。夏桀每日陪着妹喜登倾宫,观风光,尽情享乐。

妹喜原是有施国败降的贡品,专为倾覆国而来的,因此她变着花样来使夏桀浪费民力财力,使民怒沸腾。但夏桀对他的要求百依百顺,样样照办。

夏桀怕妹喜思念家乡,就按照有施国的房屋样式,建造一些新民舍与妹喜参观欣赏,以消除妹喜思乡之苦。按着妹喜的要求,派人挨家挨户挑选三千美女到倾宫歌舞,又派人督做三千刺绣舞衣,谁要是交不出绣衣的,就会被严刑拷掠,弄得百姓叫苦连天,家家怨恨。

那妹喜还说:"裂帛的声音,清脆无比,十分悦耳。"夏桀便命令每天要人民进贡一百匹帛,叫力大的宫女天天撕裂给妹喜听。

夏桀为了满足其奢侈的享受,无休止地征发夏民,强迫他们无偿劳役,拼命宰割人民,榨干了百姓的血汗,人民对他的暴政已达到忍无可忍的程度,因此都愤怒地说:"时日曷丧,予及女偕亡!"后商汤起兵,夏桀挟妹喜同舟渡江,逃到南巢之山一道死去。

"荒唐皇帝" 宋真宗

宋真宗赵恒，宋朝第三位皇帝，宋太宗第三子，997年继位，1022年驾崩，享年五十五，在位二十五年。景德元年，契丹人所建之辽国入侵，宰相寇准力排众议，劝帝亲征，双方会战距首都汴京三百里外之澶渊，局势有利于宋，但因真宗惧于辽的声势，不顾寇准的反对，以每年进贡辽大量金银为"岁币"于澶渊定盟和解，历史上称"澶渊之盟"。此后，北宋进入经济繁荣期。真宗后期，以王钦若、丁谓为相，二人常

宋真宗像

35

以天书符瑞之说,荧惑朝野,帝亦淫于封禅之事,朝政因而不举,社会矛盾不断激化,使得宋王朝的"内忧外患"问题日趋严重。在位二十五年崩,为守成之主。

宋真宗既不是太宗的长子,也非皇后所生,原本是没有资格继承皇位的。当大哥赵元佐因赵廷美之死发疯、二哥赵元僖暴死之后,他有幸成为太子。太宗驾崩后,他又遭遇了一场由太监王继恩和太后共同谋划的宫廷政变,好在有左丞相吕端及时相救,他才得以登基。

与久经沙场的宋太祖赵匡胤、宋太宗不同,从小生活在深宫中的赵恒性格较为懦弱,缺乏开拓创新的决心和勇气。在他看来,坚持太宗晚年推崇的黄老无为思想,继续守成的局面是最好的选择。宋辽在澶渊之盟后,政治上趋于保守。

赵恒即位之初,任用李沆等人为宰相,勤于政事,分全国为十五路,各路转运使轮流进京述职,减免五代十国以来的税赋;也能注意节俭,社会较为安定,给国家创造了一个相对长期和平发展的有利时机。其时,铁制工具制作进步,土地耕作面积增至5.2亿亩,又引入暹罗良种水稻,农作物产量倍增,纺织、染色、造纸、制瓷等手工业、商业蓬勃发展,贸易盛况空前,使北宋进入经济繁荣期,史称咸平之治。

宋真宗景德元年,在宰相寇准的坚持下,真宗御驾亲征,宋辽签订澶渊之盟,开创了以输岁币求苟安的恶例。真宗原以为这是一桩值得自豪的功业,很得意了一阵子。不料有一天,参政王钦若却对他说:"城下之盟,《春秋》耻之。澶渊之举,以万乘之尊而为城下盟,没有比这更耻辱的了!"王钦若的话,本来是要贬低寇准的,但却同时给爱虚荣的宋真宗泼了一盆冷水,从此快快不乐。王钦若是个善于察言观色、逢迎邀宠的马屁精。他对正经事儿没多大能耐，但在搞小动作方面，却是胜人一筹的。史称他"性倾巧，敢为矫诞"。

宋真宗伪造"天书"的把戏，就是他出的歪点子。他看出真宗这人是既好大喜功，又害怕战争，就找了个机会假意向真宗提议说："陛下若出兵收复幽、蓟两州，就可以洗掉澶渊之盟的耻辱了。"

真宗说："河北的百姓刚免了战争之苦，我哪忍心再挑起战争呢？还是想点其他主意吧！"王钦若乘机说："那就只有封禅可以镇服四海、夸示外国了。但自古封禅，都得有"天瑞"出现才行。"接着又说："当然，这'天瑞'不是说要就有的，前代之所谓'天瑞'者，有些是人为搞出来的，只不过人主把它当真的崇奉起来，并以之昭示天下，就会同真的一样了。古代传说的'河出《图》、洛出《书》'，难道真有这么回事吗？那不过是圣人以神道设

王旦像

教罢了！"真宗听了，当然心领神会，但又担心地说："王旦也许不会同意这么干吧？"王旦是当时的宰相，因为之前寇准已被排挤出朝，所以真宗首先考虑王旦是否肯附从。王钦若说："我去向他暗示这是出于圣意，估计不会不同意。"

果然，经过王钦若说服，王旦同意了。但真宗心里还是不踏实，就把王旦召来宴饮，正当喝得高兴的当儿，命人取出一樽酒来赐予王旦说："带回去同老婆孩子一起享用吧！"王旦回家后打开酒樽一看，

哪里是什么美酒，那里面盛的全是美珠！

景德五年正月初三，宰相王旦率群臣早朝完毕时，有司来报，称"有黄帛曳左承天门南鸱尾上"，宋真宗"召群臣拜迎于朝元殿启封，号称天书"。为了证明"天书"真的是从天而降，宋真宗还特意精心编造了一个故事："半夜我刚要睡，忽然卧室满堂皆亮，我大吃一惊，见到一个神人忽然出现，此人星冠绛袍，对我说：'一月三日，应在正殿建黄箓道场，到时会降天书《大中祥符》三篇，勿泄天机！'我悚然，起身正要答话，神人忽然消失，我马上用笔将此事记了下来。从十二月一日起，我便蔬食斋戒，在朝元殿建道场，整整一个月恭敬等待，终于盼来了天书。适才城隍司来奏称在左承天门南发现有帛布悬于屋脊上，即遣中使去察看，回报说帛布还包有类似天书的东西，封口隐然有字。原来正是神人说的天书啊！"王旦等当即再拜称贺。

真宗于是率百官步行到承天门，诚惶诚恐地把那所谓的"天书"迎奉到道场，当众开了封口。只见帛布上写的是："封受命。兴于宋，付于慎，居其器，守于正，世七百，九九定。"另外还有黄色字条三幅，内容的意思是说真宗以孝道承统，务以清净简俭，必致世祚长久云云。真宗命知枢密院事陈尧叟宣读后，依旧包起，郑重盛入预先准备好的金柜中，另派官员祭告天地、宗庙和社稷。即在崇政殿设斋宴，接受百官朝贺。

为了扩大影响，真宗趁热打铁，接连下了几道诏令：大赦、改元、改左承天门为承天祥符、群臣加恩、特许京师聚饮三日以示庆祝，等等。又授意一班吹鼓手如陈尧叟、丁谓等益以经义加以附和。一时间全国上下掀起了一股"争言祥瑞"的热潮。这样闹腾了一阵之后，三月间即由王旦牵头，动员了文武百官、藩夷僧道及耆寿父老等二万四千三百余人，连续五次联名上表请求真宗封禅。真宗召三司使丁谓问了经费事宜后，即命翰林及太常详拟封禅仪注，又任命了主要负责官员，其中王旦为封禅大礼使，王钦若为封禅度经制置使，丁谓负责计度财用。六月初，派王钦若为先行官，赴泰山筹办具体事宜。

王钦若一到乾封即上言："泰山醴泉出，锡山苍龙现。"不久，又遣人将自己伪造的"天书"驰送京都。真宗再次召集朝臣吹牛说："五月丙子夜，我又梦见上次的神人对我说："来月上旬，将赐天书泰山。"即密谕王钦若等凡有祥瑞立即上报，果然应验了。

宋真宗在位时，大兴祥瑞，东封泰山，西祀汾阳，粉饰太平，又广建佛寺道观，劳民伤财，导致社会矛盾激化，使得宋王朝的"内忧外患"日趋严重。在东封泰山历史中，宋真宗是完全不具备封禅泰山的资格和能力的。因为在宋真宗统治时期原本就存在着内忧外患、民不聊生。但是宋真宗为了能够去封禅泰山，他就欺骗天下老百姓，营造了一种天下太平、国泰民安的假象。首先，

泰山

宋真宗就和王钦若在国家各个地方，制造了很多祥瑞之兆，以此来表现太平盛世，这样就使自己能够达到封禅泰山的条件。然后王钦若与一些大臣就伺机行事，请求宋真宗东封泰山。当伪造天书，一切准备就绪后，真宗即于十月初正式就道东行。那"天书"被载以玉辂，在前开路；王旦等一般文武百官随从；还有一大批供役人员，组成了浩浩荡荡的队伍，历时十七天才到达泰山。在山下斋戒三日，始行登山。

按照事先拟定的礼注，在山上完成了祭天大典后，第二天又下到社首山行了祭地礼。宋真宗改乾封县为奉符县；封泰山神为"天齐仁圣帝"；封泰山女神为"天仙玉女碧霞元君"；在泰山顶唐摩崖东侧刻《谢天书述二圣功德铭》。之后，又是一连串的庆贺活动。总计这次"东封"，包括到曲阜祭孔在内，前后花了 47 天时间，演绎了一场彻彻底底的闹剧，而宋真宗也成为中国历史上封禅泰山的最后一位皇帝。这用去了大量的钱财，国库空虚，为日后宋朝的财政危机种下了祸根。从此以后，在中国封建历史上，再也没有皇帝东封泰山，封禅泰山的历史了。

这场由王钦若执导、宋真宗主演的闹剧虽然暂时结束了，但真宗并没有停止其"以神道设教"的事业，那些阿谀取悦之徒也仍然不断向他"争奏祥瑞，竞献赞颂"，几至达到"全国上下如病狂热"的地步。三年以后，在一些人的怂恿下，真宗又到山西汾阳去行"祭祀后土"大礼。可以说，一直到死，他都把这类自欺欺人的举措视作维系其政权命运的纽带。

善于作秀的雍正皇帝

雍正年间瓷器

帝王普遍喜欢"演戏"，皇位是最高权力和最丰厚物质享受的代名词，没有人不向往，为了夺取或保持皇位，帝王总要耍出各种花招，蒙蔽他人，然后闷声大发财。在古代帝王中，雍正算是一个演艺高超的政治特级演员。

在康熙身体尚好，对宫廷有足够的操纵力时，雍正执意要塑造的是"淡泊名利"的个人形象。他曾写过"都道五湖烟水好，何如蓑笠钓汀沙"这样的诗句。以示自己看破红尘，对功利的东西不感兴趣。

他翻画《耕织图》，并将其中的人物画成自己与福晋的面容，表示自己对田园生活的向往，以及对农业耕作的兴趣。雍正做皇子时还请人画了十二幅美人条屏，有几幅的背景有他亲笔题写的立轴楹联，题的也是表明淡泊名利心志的诗句，署名是"破尘居士"。

雍正是不是真的这样对权力、金钱不感兴趣呢？理论的东西没有说服力，还是以史实说话吧！在康熙进入生命倒计时的日子里，身为皇四子的雍正每日三次派遣护卫、太监等进驻康熙所在的畅春园，在康熙宣布"自初十日至十五日静养斋戒，一应奏章，不必启奏"的情况下，雍正依然每日派人进驻畅春园，表面的理由是向父亲请安，实际意图是要控制畅春园，防止其他皇子跟康熙联系。

雍正像

在康熙去世的第二天，由隆科多独自起草《遗诏》，宫内宣读的《遗诏》虽然是内务府和翰林院共同撰写，底本却出多隆科多之手。为了一个皇位，如此费尽心机，雍正表现出了一丝半点的"淡泊"吗？

一般的演员演戏是想要大家都看的，观众越多越好，但雍正演出的那部名叫"淡泊名利"的宫廷政治剧，只是演给他的父亲和兄弟们看的。

熟悉封建政治的人都知道，清代皇位继承体制是"传贤不传长"，皇帝挑选哪个儿子做皇位继承人有较大的随意性，他喜欢哪个儿子,哪个儿子就有可能登上大位。雍正故意装出一副对大位毫不在乎的样子,无非是想给康熙一个信号:自己是一个不贪图享乐的人,更有可能把江山万古千秋传下去。

康熙在位时间长达六十一年,他的不少儿子都垂垂老矣,因此,康熙晚年,众多皇子垂涎大位,其第八子、第九子是雍正的主要政敌。雍正装出一副"淡泊名利"的样子,也是为了欺骗其他皇子,使他们彻底放松对自己的警惕,以便关键时候突然出手。

事实上,雍正在大作"淡泊"秀的同时,也在大力拉拢控制京城兵力的步兵统领、国舅隆科多,希望他能为自己未来的夺位事业服务。

同时雍正也是个"打狗高手",他治理贪官的时候,采用关门打狗手段,先让贪官无路可退,然后再算账,最后让贪官陷入死亡之地。满清到了他的手中,有了一句响当当的口号"雍正一朝无官不清"。

雍正的父皇康熙,缔造了一个太平盛世,但也留下了严重的后遗症:吏治腐败、税收短缺、国库空虚。雍正接手时,国库储银仅八百万两,而亏空的数字却大得惊人。这令雍正忧心如焚。雍正很清楚,父亲缔造了一个盛世,国家不可能没有钱,银子都到贪官污吏身上去了。那么,怎么治理这些贪官污吏呢?

雍正有一个特点,他对官场上的流习和积弊都一清二楚。他知道官员搞贪污主要有三招:靠上司包庇、借钱粮充账、花小费报销。为此,他苦苦思索治理贪官污吏的对策,经过调研与反复思考,他终于想出了治理贪官的策略——先堵退路,后算账。

针对贪官的第一招,雍正的对策是派钦差大臣清理亏空。雍正知道,如果不派钦差大臣,靠贪污犯去查自己的贪污,那是永远也查不出来的;靠贪污犯的上司也同样不可行,因为没有一个贪污犯不巴结上司,不给上司行贿送礼。即使他的上司是清廉的,也不可靠。因为地方上的亏空如此严重,贪官如此猖獗,他们居然毫无动作,那就只能是两种情况:要么是昏官,要么是庸官,靠这些人去清查亏空,那是不可能成功的。

只有派出钦差大臣才能彻底查清贪官污吏的情况。钦差大臣直属朝廷,与地方没有任何瓜葛,这些人,既无前车之鉴,又无后顾之忧,直接归皇帝领导,一定会尽心尽力,何况他们还想靠查除贪官污吏来邀功请赏呢。

在具体实施的时候,雍正还想了一招令人叫绝的办法,他让这些钦差大臣带着一批候补官员去清查,查出一个贪官污吏,立即就地免职,然后就从调查团里选一个同级官员接任。

这是一招妙棋,也是一招狠棋。因为雍正深知官官相护是官场顽症。历来的继任官,总是会帮着前任补窟窿,然后自己再留下一大笔亏空,让后任去弥补,衙门的亏空之所以总也补不上,这是其中的原因之一。但这一回不一样了,后来上任的人是来查

雍正书法手稿

账的,自然不会替他打圆场、做掩护。这样,这个贪官就再也无处可逃,只有低头认罪,接受处罚。

针对借钱粮充账第二招,雍正下令所借钱粮全部充公。贪官们应对检查的第二招是借钱粮来填补亏空。上面要来查账时,就从当地富户那里借些钱粮来放在库里。上面的来人一看,分文不少。检查的人一走,这些钱粮又还回去。因为是官借,不但利息高,还不怕不还,再说富户们也不想得罪地方官,因此这个办法也屡屡为贪官所用。

贪官们的这些伎俩逃不过雍正的法眼。雍正在派出钦差大臣的同时,也给这个地方下令,谁也不能借钱粮给官府。要借也可以,这些钱粮就是官府的,为国家所有,所借钱粮别想收回去。这一来,谁都再不肯借钱、借粮给贪官们了。

针对第三招所花小费报销,雍正成立了"会考府"。会考府是一个独立的核查审计机关,成立于雍正元年正月十四日。它的任务,是稽查核实中央各部院的钱粮奏销。从此,各地方上缴税银或报销开支,各部院动用钱粮和报销经费,都要通过会考府会考,谁也做不了手脚。

这样一来,部院长官无法贪污。既然部院长官无法贪污,地方官员想通过花一点好处费,就把自己上面的亏空全部赖掉,也就不可能了。贪官们应付检查的三种方法都被雍正堵死,他们也只好认账、认罪。

将贪官们所有的退路都堵死之后。雍正便开始"关门打狗"了。打的办法也有三种:一罢官,二索赔,三抄家。

罢官是针对所谓"留任补亏"的,即查出亏空后,勒令该官员在限期内补齐。但是,有哪个贪官会从自己身上挖肉下来填补亏空呢？必然是加紧盘剥百姓。结果，国库是充盈了，百姓却大吃苦头。雍正要改革，既要国富，也要民强，因此，他的对策是先罢官，后索赔。一个被罢免的官员当然无法再鱼肉百姓了，他们只能自己掏腰包填补亏空。

雍正还规定，严禁任何人垫付或代赔。过去追赃时，常有下属和百姓代为清偿，而朝廷往往只要能收回银两，也就不管钱从何来。然而雍正不以为然。他说，即使下属州官、县官有富裕，也只能用来造福地方，怎么可以替贪官退赃？

这样一来，就有些还不起钱的官员，对此，雍正的办法是抄家。元年八月，雍正下令：亏空官员一经查出，一面严格搜查衙门，一面让贪官所在老家的官员，将其老家的家产查封，家人监控，追索已变卖的财物，杜绝其转移藏匿赃银的可能。

赃官们的罪一经核实，就把他的家底抄个干净，连他们的亲戚、子弟的家也不放过。雍正下令："丝毫看不得碍于情面，务必严加查处。把贪官追得水尽山穷，叫他子孙后代也做个穷人，方符合朕的本意。"此令一下，全国一片抄家声，雍正也得了个"抄家皇帝"的封号，甚至连牌桌上都有了一种新打法：抄家和。

遇到了这种皇帝，贪官们真只有"死路一条"了。

雍正的这一系列政策，沉重地打击了贪官污吏，仅仅五年，大清国库储银就由康熙末年的八百万两增至五千万两。更重要的是，社会风气改变了，帝国的吏治也为之一清，后世评论"雍正一朝无官不清"，可见雍正王朝官风的清廉。

史上最懒惰的明神宗

君主到朝廷上处理政事应该说是作为一个皇帝的"本职工作"，偶尔几天或几月身体异样不理国事尚可理解，若说有皇帝连续二十八年不闻不问国事，实在算是又一项皇帝之最了。

这位最懒惰的皇帝就是明神宗朱翊钧，明穆宗长子，在6岁时被立为太子，穆宗死后，10岁的朱翊钧即位，改年号万历。朱翊钧在位48年，是明朝在位时间最长的皇帝。万历前十年，大学士张居正辅助神宗处理政事，社会经济发展较好。神宗20岁时，张居正逝世，神宗开始亲政，有一段时间还能勤于政务，后期因种种原因而"不郊、不庙、不朝、不见、不批、不讲"近三十年。

明神宗像

那为什么他会这样呢？历史学家们分析原因主要有五：第一，摆脱约束。他亲政前，头上顶着三把戒尺：张居正、冯保和李太后。他亲政后急欲摆脱戒尺的束缚，大肆放纵一回了。

第二，居功骄傲。在12年时间里，他取得东北、西北、西南三个地域三次重大的军事胜利，史称"三大征"。于是，这位皇帝有点志得意满,后来就逐渐怠于政事。第三,与文官集团矛盾与日俱增。第四,无竞争性。第五,身体有病。

阎崇年在《明亡清兴六十年》里总结的颇为全面:第一,沉湎酒色。万历帝嗜酒,经常喝得酩酊大醉。第二,贪敛钱财。万历帝派矿监、税监到全国各地去搜刮,这些钱财不入户部的国库,而归入内帑,就是皇帝的私库。中央及地方大小官员,上奏百疏,拒不采纳。第三,乱封滥赠。万历帝自己的皇庄占地 210 万亩,赐给他弟弟潞王翊镠田 400 万亩,赐给他儿子福王常洵田 200 万亩。没有田了,就将周围郡县的土地划过来。他们父子、兄弟三家占地 810 万亩,而万历六年,全国的田地是 5.1 亿亩,他们三家就占全国总田地数的 6.3%!

第四,肆意挥霍。据《明史·食货志》记载,郑贵妃生子赏银 15 万两、过生日赏银 20 万两,潞王就国赏银 30 万两,福王结婚用银 30 万两、建洛阳府邸用银 28 万两,营建定陵用银 800 万两,皇子册封等用银 1200 万两、采办珠宝等用银 2400 万两。而万历初年,年国库收入才只有 400 万两,可见万历皇帝是肆意挥霍。

第五,大兴土木。万历的时候,乾清宫和坤宁宫着火,皇极殿、中极殿、建极殿,就是后来的太和殿、中和殿,保和殿三大殿着火,这就免不了要大兴土木,兴修宫殿。钱从哪儿来?当然还是从老百姓身上出。

第六,胡作非为。如此怠政的皇帝难道就没有官员提意见吗?若有官员提,万历帝回答:杖六十,斥为民。足见,提了也白提。这样的国家灭亡之日指日可待了。

北齐"酒鬼"皇帝高洋

　　高洋是南北朝时期北齐的开国君主，他是靠其父高欢的基业开创北齐王朝的，就跟三国时期的魏国的建立者曹丕依靠其父曹操的基业开创魏一样。有一点不同的是，曹丕是直接承袭其父曹操权力的，而高欢死后是将权力交给了他的另一个儿子，即高洋的哥哥高澄，在高澄死后，高洋才快刀斩乱麻，控制了权力，继而代魏自立，成为北齐的第一任皇帝。

　　北齐文宣帝高洋刚刚立国的时候，还励精图治，很注意研究为政之道，一切政务，力求简便稳定，有所任命，也是坦诚待人，臣子们也得以尽其所能为国服务。而且他还喜欢打仗，每次亲临战阵，总是亲自冒着箭石纷飞的危险，所到之处都立功绩。

　　几年以后，文宣帝渐渐以为建立了大功业，骄傲自满起来，于是就贪杯纵酒，淫邪无度，滥行狂暴之

文宣帝时开凿的佛像

事。有时自己亲自参与歌舞，又唱又跳。通宵达旦，从早到晚，没日没夜。

有时披散头发，穿上胡服，披红挂绿，有时却又裸露着身体，涂脂抹粉；有时骑着驴、牛、骆驼、白象，连鞍子和勒绳也不用；有时让大臣崔季舒、刘桃枝背着他走，自己挎着胡鼓用手拍得嘭嘭响；元勋与贵戚之家，他常常不分朝夕驾临，在集市上穿游而行，坐街头睡小巷都是常事；有时大夏天在太阳下晒身子；有时大冬天脱去衣服猛跑步；跟从他的人受不了这么折腾，而他却全不当一回事。

三台的梁柱高达二十七尺，两柱之间相距二百多尺，工匠上去都感到危险畏惧，在身上系了绳子以防出现意外。但文宣帝爬上三台的梁脊快步小跑。竟然一点也不害怕。跑着跑着还不时来点雅致的舞蹈动作，又折身子又打旋儿，居然符合节奏，旁边看的人吓得汗毛直竖。没有不担心的。

有一次，文宣帝在路上问一个妇女说："咱们的天子怎么样呢？"这妇女不知他就是天子，说："他成天疯疯癫癫，呆呆痴痴，哪有什么天子样儿！"文宣帝毫不犹豫地便把她杀了。

娄太后有一次因为文宣帝发酒疯，举起拐杖打他，说："这样英雄的父亲竟生出了这样混账的儿子！"文宣帝竟然说："看来得把这老太太嫁给胡人了。"娄太后勃然大怒，从此再也不说话，脸上也没有了笑容。

文宣帝想让娄太后笑，自己爬到了床底下去，用身子把床抬起来，把坐在床上的太后摔了下来，使太后受了伤。酒醒之后，文宣帝高洋大感羞惭悔恨，让人堆起柴堆点燃，自己想跳进去烧死。娄太后大吃一惊，害怕极了，赶忙亲自过来又抱又拉，勉强笑

着说："刚刚是你喝醉了，我不当真。"

文宣帝于是让人铺上地席，命令平秦王高归彦亲自执刑杖，自己口里列数着自己的罪过，解开衣服露出背部接受刑杖。文宣帝对高归彦说："你用力打，打不出血来，我就杀了你。"

娄太后急忙上前自己抱着他不让打，文宣帝痛哭流涕，最后还是在脚上打了五十下，然后穿上衣服，戴上帽子向娄太后拜谢宽恕之恩，一副悲不自胜的样子。因为这一番酒后失言伤害太后的事，文宣帝下决心戒酒。但刚十天，又嗜酒如命，和原来一样。

文宣帝在位期间，虽然重用杨愔为丞相，但常轻侮他，让他在自己厕屎时往厕所递送拭秽的篾片。又用马鞭打他背部，血流下来都湿透了衣袍。又曾想用小刀子在他的小腹上划痕，大臣崔季舒一看不是事，就假托说笑话："这是老公子与小公子恶作剧呐。"趁势把文宣帝手里的刀子拔出来拿开了。

就这样一位醉醺醺的皇帝居然还有一个特别的爱好，那就是测字。测字是中国神秘文化中的一个独特分支。测字就是用加

北朝纯金骷像

减汉字的笔画、拆合字体结构的方式附会人事，进而推断祸福吉凶的一种文化活动。在中国历史上对测字感兴趣的皇帝不乏其人，比如汉高祖刘邦、唐太宗等，在这其中要推出最著名的测字皇帝就非高洋莫属了。

北齐文宣帝高洋测字的技巧可以说达到了出神入化、令人简直难以置信的程度。

公元550年，高洋废东魏，建立了北齐。开国皇帝高洋当然要给自己创建的王朝起个大吉大利的新年号，他让大臣们议一议。有人提议名叫天保，让老天爷保佑北齐万年万年万万年吧。众人齐声叫好。高洋却说道，好是好，可这"天保"两字拆开来不就是"一大人只十"吗？你们是笑我在位只有十年啊。这时众大臣都吓得跪地求饶，谁知高洋却哈哈大笑说，没事，没事，这是天意，不怪你们。我有十年皇帝做就不错了。

有意思的是，高洋不但知道自己在位几年，甚至连何年何月何日要寿终正寝也晓得。有一年，高洋带着美若天仙的皇后李祖娥上泰山，在岱庙的天贶殿向老道问卦。

高洋问，你看我有多少年的天子位可坐？老道不假思索地说，三十。高洋面露喜色地对皇后说，你看，老道也说我只有十年的时间了。皇后不解道，老道不是说三十吗？高洋解释道，这三十是指十年十月十日，三个十加起来不就是三十吗。后来，高洋果然在天保年十月得了暴病，食不能下咽，饿了三天，就在十日这一天病逝。

爱好巫术的汉武帝

汉武帝征和二年，六十七岁的汉武帝已经到了风烛残年的生命晚期。这位曾经以雄才大略，开疆拓土，好大喜功著称的皇帝，老时便和其他君王一样，为求长生不死而迷恋方术。当疾病向他袭来的时候，他又担心自己会因病而死，甚至怀疑自己的疾病是因为有人用巫蛊之术诅咒他而引起的。

"巫蛊之祸"的起因是丞相公孙贺为了替下狱的儿子赎罪，自己提出去捉拿被汉武帝下诏必捕的阳陵大侠朱世安，皇帝同意了。不久，朱世安果然被抓，为了报复公孙贺，朱世安在狱中写了一封告发公孙贺的信。信中说，

汉武帝塑像

公孙贺的儿子贺敬声与阳石公主私通；公孙贺在皇上经常出入的甘泉宫路下埋了木偶，用恶言诅咒巫蛊皇上。本性多疑的汉武帝见信大怒，下令火速查究。

酷吏佞臣江充因行事很合汉武帝的心意，曾被封为权力很大的使者，此次受命彻查公孙贺巫蛊案。江充将公孙贺父子下狱，严刑拷打，蔓引牵连，很多人无端获罪。最终，不仅公孙贺父子惨死狱中，全家都被杀，就连卫皇后的姐姐公孙贺的夫人卫君儒也不能幸免。接着很多皇亲国戚，如诸邑公主、阳石公主、卫青的长子长平侯卫伉都受到巫蛊案的牵连而被杀。

一日，刘彻午睡，梦见数千木人，手执木杖，凶神恶煞般地向他袭来。惊醒后，感到浑身酸软无力，随后，不但身体越来越差，人也越来越健忘了。

曾和太子刘据结怨、在处理公孙贺案时也与卫皇后结怨的江充，看到汉武帝年老体衰，担心皇上驾崩，太子即位后，会杀了自己。于是，他便利用这次处置巫蛊的机会，开始了陷害太子刘据的阴谋。

太子刘据是汉武帝刘彻二十九岁时，皇后卫子夫所生。刘据小时很受父皇喜爱。长大后，因性格和顺谨慎，刘彻便觉得儿子不像自己；而此时后宫嫔妃也都生子，因此，皇后和太子感到皇帝的宠爱正在递减，故而心自不安，刘彻也感觉到了。

一日，他对大将军卫青说："汉家建国匆促，加上四夷侵扰中原，朕若不变更制度，则后世无所遵循；不出军征伐，则天下不能安定；如此一来，不得不加重百姓负担，如果后世还像朕这样做，那便是重蹈亡秦覆辙。太子稳重喜静，一定能够安定天下，不会令朕担忧。要寻找守成的君主，还有比太子更贤的吗？听说皇后

与太子有不安之意，朕怎会另作他想，你可把朕的意思告诉他们。"说是这样说，太子和皇后备受冷落已是不争的事实，特别是在卫青病逝后，太子的地位更是岌岌可危了。正是在这样的背景下，江充刚被封，就敢没收太子宫在驰道上行走的车马，并向皇上劾奏太子，不惜与太子交恶。

江充的阴谋就是利用汉武帝对自己的信任，企图把巫蛊案引向太子，他对皇帝说，皇上的病都是巫蛊在作祟。于是，刘彻任命江充为治蛊使者，江充便派胡巫到处掘地寻找木偶，一旦发现，便严刑拷打，大开杀戒，动辄以大逆不道治罪。

刘据得知江充准备诬陷自己，加之皇上对江充的信任，这让他感到非常恐惧。刘据本想去甘泉宫找父皇申诉，但因江充要抓捕他的情况很紧急，太子召问少傅石德，身为太子师傅的石德惧

汉武帝创意图

怕自己受诛连,建议太子越权行事,拘捕江充等人及追查他们的阴谋,太子在情急下同意石德所言。

征和二年七月壬午,太子派人假冒使者收捕江充等人。江充助手韩说怀疑使者身份,不肯受诏,被来人杀了。太子派人禀告皇后,又分发武器给侍卫。太子向百官宣布江充谋反,把江充杀了。当时江充另一助手苏文逃到武帝处,向武帝控诉太子,武帝派使者召太子,但使者不敢到太子那里,回报武帝说"太子反已成,欲斩臣,臣逃归。"

武帝大怒,下令丞相刘屈氂率兵平乱。太子纠集了数万人,与丞相军激战五日,死者数万人。长安民众以为太子谋反,所以大多数人不支持他,太子势孤力弱而兵败,惟有逃离长安。皇后自杀,太子宾客多人亦被捕杀。

太子逃到湖县一户贫家,户主常卖鞋以维持太子生活所需。太子有一位富有的故人在此地,因为派人找他而被人发现,官吏围捕太子,太子自杀,户主亦被杀。太子有三子一女,全部因巫蛊之乱而遇害,只有一位孙子刘询生还。

平反后,汉武帝不甚相信巫蛊之事,又有田千秋等大臣为太子鸣冤,知道太子刘据本无反心,把江充家灭族,处死苏文、胡巫。在太子殉难处,修筑了"思子宫"和"归来望思台"。

"思子台"建好后,刘彻站在台上老泪纵横,不得不品尝因巫蛊冤案、由自己酿成老年丧子的苦果。

爱说语录的汉文帝

汉文帝刘恒，西汉第三代皇帝，是汉高祖刘邦的第四子；母亲薄姬，虽然在宫中地位不高，但处事淡泊，为人谨慎；刘恒七岁被封为代王，就国于偏远的代地，薄氏也随子就国，从此远离宫闱是非之地。刘邦去世后，吕后专权，刘邦诸子多为吕后所害。至吕后去世，刘邦诸子只剩下了淮南王刘长和代王刘恒，这也算是刘恒的避祸得福吧！

吕后八年七月，吕后驾崩。九月，诸吕被太尉周勃、丞相陈平等诸臣诛除。因惠帝刘盈无子，而吕后所立少帝非惠帝之子，故被废黜，经诸臣权衡，遂拥立代王刘恒继承皇帝位，是为汉文帝。汉文帝在位二十三年，其基本国策就是休养生息。他在位期间，励精图治，从谏如流，把国家带入了"文景之治"的繁荣时期。

汉文帝前元元年十二月，文帝在与大臣们讨论司法问题时说："法令是治理国家的准绳，是用来制止暴行，引导人们向善的工具。如今犯罪的人已经被治罪，却还要让他们无罪的父母、妻儿和兄弟连坐并罚款，

汉文帝塑像

我认为这种做法很不可取。请讨论。"

他还说："我听说法令公正,百姓就忠;判罪得当,百姓就服。而管理百姓,并引导百姓向善的是官吏。如果官吏既不能引导百姓向善,又不能以法令为准绳公正地判罪,那就是在殆害百姓,并使之犯罪呀。还怎么能谈得上禁止犯罪?"

在讨论时,对刘恒的这两段语录,司法大臣们也提出了不同看法,经过一番激烈的争论,最终废除了民怨极大的连坐罪以及向罪人收缴罚款的条文。遗憾的是,这只限于刘恒时代,以后仍连坐如初。

刘恒说自己："接到诏令后,你们都要认真想想我的过失,包括你们知道的、见到的、想到的,所有我做得不够的地方,恳请你们告诉我。还要推举贤良公正、能直言敢谏的人,来补正我的疏漏。因此,官员要履行各自的职责,减轻百姓的徭役,节省官府的费用,做利于民众的事。"

古人认为:两个月内连续出现两次日食的异常天象,是上天在向天子示警,警告天子必须纠正过失。此时的汉文帝并没有把责任推诿到别人身上,而是自责自纠并下诏让官员帮助自己纠错。

刘恒说:"古代君王治理天下,在宫廷外设有进善言的旗帜和批评朝政的木牌,用来打通建言治国方略的途径和招徕进谏的人。可是,现在的法令中,有诽谤领袖罪、妖言惑众罪和颠覆政权罪,这就使得大臣们不敢完全说真话了,而做皇上的也就无法知道自己的过失了。这样下去,又怎能招揽到天下贤良之士呢?政府应废除这些阻碍言论自由的法律条文……从今以后,都不能以任何言论来治罪。"

终文帝一朝,不以言论获罪,始终坚持了下来。一个皇帝能

倡导言论自由，并懂得言论自由对天子，对政府的好处，懂得"防民之口，甚于防川；堵，则泛滥，疏，则通畅"的道理。

刘恒说农业："农业是天下的根本，我要开辟皇家的耕田，亲自带头耕种，生产供应宗庙祭祀用的谷物。农业是天下的根本，没有什么比这更重要的了。现在农民辛勤地从事农业生产却还要交纳租税，这就使务农和从商没有区别了，这样是不利于发展农业生产的。我们应当免除农田税赋。"

刘恒说生死："我知道天下万物的萌芽生长，最终没有不死的。死是天地间的常理，是万物间的自然规律，没有必要过分悲哀。当今之时，社会上都是喜生而怕死，为了厚葬死者而不惜损家破业，为了服重孝而不惜伤及身体，这是我最不赞成的。我死之后，诏令天下官吏和百姓，从令到之日算起，服丧三日就可以除去丧服。三日后，恢复人们的正常生活，婚庆娱乐，饮酒吃肉，概不禁止。我的丧礼从简，不要组织男女群众到宫殿前来哭灵哀悼，以免影响他们的生活。下葬以后，后宫夫人以下的嫔妃一律遣散回各自的娘家。"

汉文帝刘恒在位二十三年，虽未开疆拓土，却能倡节俭，薄徭赋，行仁政，养民生。汉初的社会经济之所以能够得以迅速恢复，百姓能够安居乐业，汉文帝功莫大焉。

汉文帝陵墓

史上最愚蠢的宋襄公

历史上把宋襄公和齐桓公、晋文公、秦穆公、楚庄王并称为"春秋五霸"。后四位各有丰功伟绩，均称霸一时，而宋襄公不仅未曾称霸中原，并且还在"泓水之战"中被楚国杀得大败，且在此战中迂腐地实施所谓的"仁义"行为，徒留千古笑柄。审视历史，宋襄公实在不配位列"春秋五霸"。

宋襄公是个资质平平的人，宋国的实力也很弱小。宋襄公曾侥幸地为齐孝公复位起过大作用，异常顺利地帮助超级大国齐国安定了局势。之后，他竟然异想天开地想仿效齐桓公会盟诸侯做各国的霸主。

于是，他派使者去楚国和齐国，想把会盟诸侯的事先和他们商量一下，取得楚国、齐国的支持。开始时，楚成王接信后轻蔑地直想笑，讥笑世上竟有宋襄公这等不自量力的人。大夫成得臣说："宋君好名无实，我们正可利用这一时机进军中原，一争盟主之位。"楚成王觉得甚是，便将计就计，答应与会。

周襄王十三年春，宋、齐、楚三国国君相聚在齐国的鹿地。宋襄公一开始就以盟主的身份自居，认为自己是这次会议的发起人，盟主非他莫属。他事先未征求齐国、楚国的意见，自作主张拟

宋襄公陵园

了一份秋季在宋国会合诸侯，共扶周天子王室的通告，并把时间定在当年秋季。

虽然楚成王和齐孝公对宋襄公的这种做法很不痛快，但碍于情面，还是签了字。到了秋天约定开会的日子，楚、陈、蔡、许、曹、郑等六国之君都来了，只有齐孝公和鲁国国君没到。宋襄公首先说："诸侯都来了，我们会合于此，是仿效齐桓公的做法，订立盟约，共同协助王室，停止相互间的战争，以定天下太平，各位认为如何？"

楚成王说："您说得很好，但不知这盟主是谁来担任？"宋襄公说："这事好办，有功的论功，无功的论爵，这里谁爵位高就让谁当盟主吧。"话音刚落，楚成王便说："楚国早就称王，宋国虽说是公爵，但比王还低一等，所以盟主的这把交椅自然该我来坐。"说罢并不谦让，一下子就坐在盟主的位置上。

宋襄公一看如意算盘落空，不禁大怒，指着楚成王的鼻子骂："我的公爵是天子封的，普天之下谁不承认？可你那个王是自封的。有什么资格做盟主？"

楚成王说:"你说我这个王是假的,你把我请来干什么?"宋襄公气急败坏地大喊:"楚国本是子爵,假王压真公。"

批判的武器显然不如武器的批判来得更简单。这时,只见楚国大臣成得臣脱去长袍,露出里面穿的全身铠甲,手举一面小红旗,只一挥动,那些随楚成王而来、打扮成家仆和侍者的人纷纷脱去外衣,原来个个都是内穿铠甲、手持刺刀胸兵士。

他们往台上冲来,吓得诸侯四散而逃,楚成王令楚兵把宋襄王拘押起来,然后指挥五百乘大军浩浩荡荡杀奔宋国。幸亏宋国大臣早有防备,团结民众,坚守城池,使楚庄王灭宋的阴谋未能得逞。楚成王把宋襄公拖到楚国的车上,带他回楚国去了。后来,直到过了几个月,在齐国和鲁国的求情调解下,楚成王觉得抓了宋襄公也没什么用,楚成王才把宋襄公放归回国。

霸主未当成,反做了一段时间别人的阶下囚。从那时起,宋襄公对楚国怀恨在心,但是由于楚国兵强马壮,也没什么办法出气。宋襄公听说郑国最积极支持楚国为盟主,就想讨伐力薄国小的郑国,出出胸中恶气。

过了不久。郑文公去楚国拜会楚成王。宋襄公认为是个机会,公元前 638 年夏,怒气未消的宋襄公不顾公子目夷与大司马公孙固的反对,出兵伐郑,郑文公向楚国求救,楚成王接报后,没直接去救郑国,却统领大队人马直接杀向宋国。

大敌当前,宋襄公这下慌了手脚,顾不上攻打郑国,带领宋军星夜往国内赶。待宋军在涨水边扎好营盘,楚国的兵马也来到了对岸。公孙固对宋襄公说:"楚军到此只是为救郑国。咱们已经从郑国撤军。他们的目的已经达到了。咱们兵力小,不能硬拼,不如与楚国讲和算了。"

历史的天空

历史上的囧人囧事

宋襄公却说："楚国虽然人强马壮。可缺乏仁义。我们虽然兵力单薄。却是仁义之师。不义之兵怎能胜过仁义之师呢？"宋襄公又特意做了一面大旗，并绣有"仁义"二字，以"仁义"来战胜楚国的刀枪。

到了第二天天亮，楚军开始过河。公孙固向宋襄公说："楚军白日渡河。等他们过到一半，我们杀过去，定能取胜。"宋襄公却指着战车上的"仁义"之旗说："人家连河都没渡完就打人家，那算什么仁义之师？"

等到楚军全部渡完河，在河岸上布阵时。公孙固又劝宋襄公说："趁楚军还乱哄哄地布阵，我们发动冲锋，尚可取胜。"

宋襄公听到此话不由骂道："你怎么净出歪主意！人家还没布好阵，你便去打他，那还称得上是仁义之师吗？"其结果可想而知。

宋襄公塑像

做过奴隶的后赵明帝

老百姓的饭桌上，经常能见到"黄瓜"这种蔬菜。很多人就奇怪了，咱们吃的这黄瓜明明是绿色的，为什么叫"黄瓜"呢？传说，黄瓜的命名和后赵皇帝石勒有关。

黄瓜是汉朝张骞出使西域时带回中原的，当时的中原人将汉族以外的部落，主要指北方及西域的游牧民族，统称为"胡人"，因此这种瓜就被称为"胡瓜"。

石勒本是北方羯族出身，他做了皇帝之后，十分忌讳汉人称"胡"字，认为这是种歧视，于是就下令全国：凡是说话及写文章，均不得出现"胡"字，违者问斩。

有一次，石勒召见地方官员，看到襄国郡守樊坦穿着破破烂

黄瓜

烂的衣服，他非常吃惊，问道："樊参军怎么穷成这个样子，连像样的衣服都没有？"

樊坦哪里是穷，他只不过刚刚

遭受一群羯族强盗的抢劫。樊坦是个直性子，就实话实说道："都是那帮胡贼无道，把我的衣服都抢走了。"

话音刚落，樊坦就意识到自己犯了禁，吓得连连叩头谢罪。石勒看他一介老书生，又自知有罪，就没有怪罪，反而笑着赐给了他车马衣物。过了一会儿，群臣接受"御赐午膳"时，石勒忽然指着一盘胡瓜问樊坦道："卿可知此物名否？"

樊坦心知肚明，却不敢直言无讳，他灵机一动，用四句诗答道："紫案佳肴，银杯绿茶，金樽甘露，玉盘黄瓜。"石勒一听，哈哈大笑。从此，"黄瓜"这个名字就慢慢取代了"胡瓜"。

西晋末年，第二代皇帝晋惠帝司马衷痴呆无能，皇后贾南风为了培植家族势力，实现野心，制造了一系列的政治风波，最终导致了诸王夺权的"八王之乱"，这场历时16年的内战使西晋政权遭受了毁灭性的打击。历史进入了五胡十六国时期，石勒便活跃在这一时期。

石勒是羯族人，他青年时，羯族人的地位还很卑微，类同奴隶，为了生活，许多羯族人都去给官僚豪绅做佃客，石勒也曾为郭敬、宁驱做过佃客。石勒曾向人提出过诱拐胡人做买卖的主意，他认为只有这样才既能让羯族人吃饱肚子，同时又让汉族豪绅有利可得。

石勒的建议并未被及时采纳，而并州刺史司马腾，看到大量胡人流民，发现自己有利可乘，就采用建威将军阎粹之计，四处捉拿胡人，两人共锁一枷，驱往太行山一带卖为奴隶，牟取暴利。当时二十多岁的石勒也在其中，与身边的胡人一样，他们都不被当成人看，沿途既要忍受饥饿病痛的折磨，还要受官军的殴打、侮辱，后来幸遇贵人暗中保护，石勒才得无恙。

不久，石勒被卖到师家，为了不饿死，他只有忍气吞声去做奴隶。一天，石勒与诸奴隶在田中耕种时，忽然说自己听到鼓角之声，好像有人在耳边打仗，就告诉了身边的人。周围的人以为兵荒马乱的，听到这种声音很正常，就没有当回事。后来一到下田的时候，石勒就称听到了鼓角之声，周围人就把这事报告给了师家主人，石勒又趁

石勒塑像

势说："我在家里下田的时候，也常常能听到这种声音。"当时的人都迷信奇异之象，以为他有神鬼相助，不是寻常之辈，就免除了他奴隶的身份。

石勒恢复自由之后，便四处漂泊，险些又被抓为奴隶。后来他投奔汲桑，落草为寇，并与十八个兄弟组成了"十八骑"，四处抢夺珠宝丝绸等物。

公元305年，汲桑曾经率领石勒等人投奔公师藩的反晋部队。起初石勒为前锋，作战勇猛，斩杀数万敌人，后不幸败给了晋军，与汲桑失散，无奈之下，再次落草，最终被匈奴汉王刘渊收编。

刘渊是第一个在中原建立政权的匈奴人，他汉化程度很高，精通史书、诸子百家，酷爱儒家经典。石勒投奔刘渊后，一直想表现自己，恰好此时乌桓族的伏利度率军割据于乐平，刘渊数次招降不成，石勒便主动请缨，号称不费一兵一卒便可令伏利度归降。石勒假装得罪了刘渊，跑到伏利度那里说要投奔，伏利度早听说过石勒的大名，便高兴地与他结为兄弟，让他带兵打仗。时间长了，伏利度的手下都很佩服石勒。石勒也知道自己众望所

归,便借一次聚会的机会,忽然把伏利度绑了起来,然后问众人:"现在若是起兵共举大事,你们拥戴谁为首领?"部下都推选石勒,伏利度也只好答应听命于他,于是石勒带着这支队伍,浩浩荡荡来到刘渊帐下。刘渊大悦,加封石勒为督山东征讨诸军事,从此,石勒的军事力量开始日益壮大。

公元330年石勒称帝,史称后赵明帝。

石勒是历史上唯一一位曾经做过奴隶的皇帝。他不识字,但是天生有不凡之才,其人"壮健有胆力,雄武好骑射",对于西晋世族的贪腐更是仇恨之至。他建立后赵以后,实行胡、汉分治,首创小学,重视文化教育,禁止酗酒,保护农业发展,还立法严防贪赃枉法,对于乱世中的民族融合与北方安定与发展作出了一定贡献,然而他于战争中推行的杀戮汉人政策却危害甚远,这不仅激起了民族矛盾,也令中原汉族人口大大减少。

永嘉五年,司马越薨于项。石勒烧其灵柩,是为了惩罚司马越的罪恶行径,然而射杀数十万降众,包括士族、平民,乃至令部下将幸存者烧而食之,则完全是禽兽行为了。总之,关于石勒的评价,历史上毁誉参半,有人说他是安定北方的雄主,也有人说他是不折不扣的杀人狂。石勒称帝后,曾经问大臣徐光自己可比哪位开国皇帝。徐光拍马屁说石勒已超过刘邦、曹操,直追黄帝,石勒以为过分,说道:"朕在二刘之间,轩辕岂所拟乎!"意思是说,黄帝肯定是比不上了,但是自己光明磊落,不能和曹操、司马懿相类,如果要比,应该还是在刘邦和刘秀之间。

石勒实在有点高估自己,因为他死后不过十八年,后赵就灭亡了。

史上最能吃的宋明帝

　　宋太宗刘彧为中国南北朝时期宋朝的第七位皇帝。宋太祖第十一子湘东王，宋前废帝刘子业叔父。公元 465 年即位，年号"泰始"、"泰豫"。当侄儿刘子业还在当皇帝时，肥胖的刘彧被关到竹笼里去，封为猪王，每顿饭都把他的衣服剥光，叫他像猪一样用嘴吞食木槽里的食物，并随意拖行殴打。

　　有几次刘子业要杀他，都靠和他一同被关的弟弟刘休仁谄媚解救。然而刘子业被寿寂之杀掉后，刘休仁等人将刘彧捧上皇位，这个本来很敦厚的人，在受过无穷折磨后，突然得到无限权力，使他人性大变。

　　首先他把兄长刘骏的二十八个儿子全部杀掉，接着再把同他一块在刘子业手中共患难的弟兄也全部杀掉，包括自幼感情最好并屡次救他性命的弟弟刘休仁。刘彧把刘休仁召入皇宫，强灌毒药而死，接着下了一道诏书宣布罪状。刘休仁结交禁军，图谋叛乱，我不忍当众杀他，向他严厉诘问后，他惭愧恐惧，自行服毒。

　　在受过无穷折磨后，刘彧突然得到无限权力，使他人性大变。

泰始六年夏天，在宫中举行盛大宴会，并观看女子的裸体表演。宋明帝刘彧之所以敢于这样做，可以说在冒天下之大不韪，但他是一国之主，谁敢反对，何况大臣们恐怕也不想反对，都巴不得开一回眼界。

当时只有一个人不愿观看，那就是皇后，她用扇子将脸遮住了。明帝怒骂她说："你这个外戚的穷讨吃鬼！今天和大家同乐，为什么只有你不看？"

皇后回答说："取乐的事，方法很多，怎么能集合姊妹们脱光衣服来取笑呢！外戚的娱乐，不像这里这么不雅。"明帝大怒，教她出去。

不仅如此，他接下来的生活简直是令人发指。宋明帝刘彧天生食量惊人，身体特别肥胖。整天就泡在酒池肉林当中不能自拔，每次不吃到肚皮发涨不罢休。

刘彧特别爱吃一种叫做"逐夷"的鲜鱼，一次能吃几大银钵。现在也不知道"逐夷"到底是一种什么样神奇的美食，有如此巨大的诱惑力。

有一回，他的大舅子、扬州刺史

宋明帝像

69

王景文前来向他汇报工作，正好遇到刘彧在凶猛地消灭"逐夷"，刘彧一边狼吞虎咽，一边馋着王景文说："这东西实在好吃，你在家里经常吃吗？"

王景文说："这么昂贵的东西，臣哪里吃得起？"

刘彧听了，不仅没跟王景文客套一句，说些请你尝尝之类的话，反而很有优越感地显示自己能吃，左一碗，右一碗，吃得大汗淋漓，肚皮胀得像个圆鼓，最后，人坐在龙椅上不能动弹，吓得王景文不知所措。

刘彧不仅能吃，而且嗜酒成性。每次大宴群臣，总要一醉方休。还专门派人监酒，大臣喝的越多，越被信任；谁敢不喝，立即治罪。

每次宴会散去，大臣们一个个东倒西歪，衣冠不整，跌跌撞撞涌出宫门。那些酒量不佳的大臣，趴在车上回府，一路吐个不停，酒气熏天，成了朝廷一道"亮丽"的风景线。

公元472年，当了七年皇帝的刘彧病倒，但是，食量却丝毫没有减少。一天中午，卧病在床的刘彧居然还吃下了好几升肉羹，结果病情加重，一命呜呼。

要说刘彧真是猪一样的酒囊饭袋，那可有点冤枉他，此人不光有点谋略，而且善于用人，还写得一手不错的文章。在登上皇位以后，旧臣中的才学之士多被提拔任用。只是晚年爱好鬼神，有很多忌讳，言语文书中有祸败凶丧或疑似之言应当回避的地方，谁违犯了就加以杀害。

史上最抠门的道光帝

皇帝节俭总要比奢侈浪费的好，何况皇帝再怎么节俭，总还是比臣民过的日子要好很多。这话说别的皇帝还可以，但是说道光帝，就不适用了。他的"节俭"，实在已经超越了我辈俗人能够想象的层次。

道光帝刚一即位，就下令裁去了后宫嫔妃宫娥每年上百万银子的脂粉费，又把皇宫的日常开支账都细细地查了一遍，最后得出结论，认为皇帝一家的花销，一年有二十万两银子就足够了。

于是他将这二十万两重新定了规矩，交代给佟佳皇后，并传下谕旨，后宫女子位份在嫔以下的，必须日日吃素，不遇庆典不得吃肉。古时汉文帝以节俭闻名，宠妃衣裙即使不绣花饰，道光帝仍觉得浪费，他规定嫔以下非但不能衣上绣花，就连

道光帝读书图

71

鲜艳些的彩色衣服,也只允许在节庆之日穿一小会儿。

佟佳氏虽然位居皇后,本不在这些限制内,她既知丈夫力求俭省,再说道光帝对自己也要求严格,皇帝的生日也屡次停筵止贺,她作为皇后当然也就只能主动地克扣自己的生活待遇了。何况她身为皇后,不但要以身作则做嫔妃表率,而且道光帝每年只给她二十万两银子的后宫开销,也的确需要她日日盘算才能周济得过来。

在妻子的支持下,道光皇帝在节俭方面可谓日见精进,他即位当年就亲自查看皇宫内库,发现里面有大量历年各地进贡的衣料毛皮及各类摆饰,积压得如同小山。道光帝并没有把这些物事拿来给自己裁衣饰屋,而是下令将这些东西分赐各级臣工,并要他们回谢皇家银两,等于是将这些东西变卖了。此事就这么做定了例子,此后也屡屡举行,为道光帝挣了不少现钱。

虽然是找回了一些钱,道光帝仍然不舍得花。他仍然对皇宫中的一切用度非常上心,自己的衣

道光帝像

服破了也不舍得换，总是补补再穿，而且对于缝补的价钱也要再三询问。

事实上，以道光每日耗尽精神算计家用，时时盘点库存的劲头，他实在应该托生到普通人家，没准还能白手起家当个财主，可是他偏偏做了皇帝，于是天下也就跟着他倒穷霉。

道光有一次召见军机大臣，正好大臣曹文正离御座近，道光见其缀痕，便问："你这套裤也打掌了啊？"曹文正说："改做太花钱，所以还不如补缀一下。"道光问："你打掌要花多少钱啊？"曹文正说："要银三钱。"道光大吃一惊："外面东西是便宜啊，我这里内务府说要银五两。"

不过曹学士方才听说内务府补裤子竟报销了五两，心知自己说走了嘴，势必会得罪内务府的大臣使役，因此对于皇帝再问鸡蛋的价钱，他就长了心眼，竟回答道："臣少患气病，生平未尝食鸡卵，故不知其价。"这才算蒙混过关了。

即使如此，补丁的价钱也足够让道光帝伤心了。一但知道自己被内务府占去了便宜，道光帝连议国事的心情都大受打击，他马马虎虎地议完了事，立即赶回后宫向佟佳皇后长吁短叹。从此以后，佟佳皇后便亲自领着嫔妃宫女勤习针线功夫，不但为皇帝补衣，最后就连日常穿的内外衣物都是由女人们亲自裁剪制作了。

自道光帝控诉了内务府缝补要价过高之后，佟佳皇后为了省钱，就连自己的坐垫破了也不舍得换，并且也就直接要宫女们动手补缀，然后继续使用。

道光帝为了省钱，在饮食上也很下工夫，比如他觉得夏天吃西瓜消暑太费钱，便下令后宫除皇太后外一律取消西瓜，只提供凉水。除了嫔以下不得食肉之外，他还将帝后的膳食减为每天"五品"，即每餐连菜带主食在内不得超过五种，其中还以素为主。而由于内务府所报菜钱中鸡蛋最廉，所以在这五品饭菜中炒鸡蛋是雷打不动的一碗。这规矩被严格遵循，即使是过大年可以丰盛些也从没少过鸡蛋。

总算还是曹学士及时闭嘴，若是他说出宫外鸡蛋的实价，只怕佟佳皇后就不光是领着嫔妃学针线这么简单，而是要在后宫中学习怎么养下蛋的母鸡了。

就拿道光八年正月初一皇帝吃的开年第一顿大餐来说，尽管节日期间菜品可以提高档次，鸡蛋也没少过，那顿饭道光帝吃的是：浇汤煮饽饽、羊肉丝酸菜、熘鸭腰、鸭丁炒豆腐、鸡蛋炒肉。一听起来这菜似乎还可以，可是咱们要想想，这可是皇帝过大年啊。

《清室外纪》里说，道光到了老年，越是小气。宫中膳品，本沿袭旧例，有时候道光想吃某样东西了，但听说这东西太贵，往往又忍住，不让宫里的人去买。后来慈禧太后也小气，但她的小气是抠门，喜欢存钱，而道光的小气是根本就不消费。

道光的不消费，弄得内务府的人大为头疼，怨言多多，不过，他们还是有办法来对付道光的。有一次，道光想吃片儿汤，让内务府的人按他说的制法去做。内务府报告说，若是按皇上的做法，就必须另盖一间厨房，并请专人来负责，这样的话，请上面拨经费六万两来办理此事，另外，还需要一万五千两的维护费。道光听后眉头一皱，说："朕知道前门外就有一饭馆，能做此汤，每碗不过买四十文。算了，以后每天就让太监去买吧。"

过了几天，内务府的人报告说，前门外的饭馆已经关了，原

因不明。道光叹道："朕向来不为口腹之欲，而滥费国帑，没想到朕贵为天子，而想吃一碗片儿汤都办不到，真是可叹啊。"

内务府的人其实是想找个借口来造个厨房，这样的话就可以中饱私囊，最后伎俩没有得逞，弄得道光帝连碗片儿汤都吃不到。

《南亭笔记》卷一也曾说，咸丰亲政的时候，和他父亲一样躬行节俭。有一次上书房的门枢坏了，内务府请求换个门算了，咸丰没批准，说修理一下可以继续用。后来门修理好了，报上来说费银五千两。咸丰大怒，要讯问有关人员是怎么一回事。内务府的人见咸丰认真，慌忙说数字报错了，是五十两，这事才算了结。

咸丰帝像

另有一次，咸丰有一条新的杭纱套裤，因不小心烧了个约蚕豆瓣大的窟窿，左右太监说丢了吧，咸丰再三惋惜，说："物力艰难，弃之可惜，尽量给补补吧。"咸丰后来才知道，这样补一下，下面的人竟然报销了数百两银子。咸丰慨叹道："做皇帝想勤俭都不容易，何况是奢侈呢？"

遭人民公审的周厉王

周厉王他在位期间,横征暴敛,加重了对劳动人民的剥削,同时还剥夺了一些贵族的权力,任用荣夷为卿士,实行"专利",将社会财富和资源垄断起来。因此招致了贵族和平民的不满。他还不断南征荆楚,西北方面又防御游牧部落,西北戎狄,特别是猃狁,不时入侵。与周边的少数民族也有矛盾。曾臣服于周的东南淮夷不堪承受压榨,奋起反抗。周厉王为压制国人的不满,任用卫巫监视口出怨言的人,发现就立即杀死,这些引得国内各项矛盾愈来愈尖锐。

周厉王姬胡的"著名",实是臭名昭著的简写。他当政期间,任用奸邪、暴虐奢侈、天怒人怨,惹得国人纷纷批评朝政,议论国王。

姬胡听说有人说他坏话后气得不行,便派人去卫国找来了几个学有专长的巫师组建了稽查大队,专门负责监督言论。于是此后,高谈阔论的路人们身边往往就有个免费保镖形影不离。

过了不久,在几个诋毁伟大领袖的刺头分子被杀后,都城内终于安静如昔,大家都不敢出声了,见了面也只是互相用眼色示意而已,逼的大家都改用眼神进行"眉目传谤"了。

姬胡耳根清静之后大为高兴,对大臣召公炫耀:"看,这下没人敢说我坏话了吧?"召公说:"这是堵他们的口。堵住百姓的口,比堵住河水更厉害。河水堵塞而冲破堤坝,伤害的人一定很多,百姓也像河水一样。所以治理河水的人,要疏通它,使它畅通,治理百姓的人,要放任他们,让他们讲话。因此天子治理政事,命令公、卿以至列士献诗,乐官献曲,史官献书,少师献箴言,盲者朗诵诗歌,朦者背诵典籍,各类工匠在工作中规谏,百姓请人传话,近臣尽心规劝,亲戚弥补监察,太师、太史进行教诲,元老大臣整理阐明,然后君王考虑实行。所以政事得到推行而不违背事理。

百姓有口,好像土地有高山河流一样,财富就从这里出来;好像土地有高原、洼地、平原和灌溉过的田野一样,衣食就从这里产生。口用来发表言论,政事的好坏就建立在这上面。实行好的而防止坏的,这是丰富财富衣食的基础。百姓心里考虑的,口里就公开讲出来,天子要成全他们,将他们的意见付诸实行,怎么能堵住呢?如果堵住百姓的口,将能维持多久?"

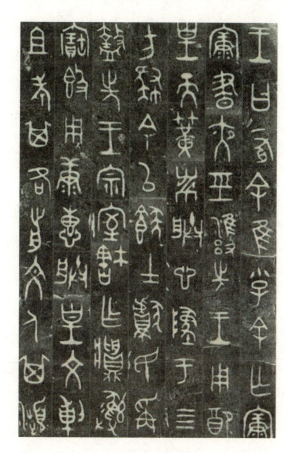

周厉王铜簋铭文

周厉王时代的编钟

厉王不听。于是国都里的人再不敢讲话。姬胡见弭谤大业进展神速，成效显著，心里不禁乐开了花，认为自己治国的手段简直是一流水平。考虑到大凡国家的方针政策都讲究配套施行，姬胡思来想去，忽然来了灵感，在弭谤的基础上又发明了一个增加国库税收收入的好办法，那就是实行专利。

姬胡把所有山川河流等自然资源收归自己所有，下发红头竹简文件规定，人们如果要利用这些专利资源，比如上山砍柴，下水抓鱼，往野外倒生活垃圾什么的，都要按一定比例缴税。这项政策一实行，倒没人说他不好，只不过整天在深宫里数钱的姬胡无暇顾及到这样一个细节：街道上人们眨眼的次数呈现出快速增长的趋势，而且他们的脸色好像也越来越不对劲了。

就这样过了三年，瘪了钱袋又肿了眼皮的国人们终于忍无可忍，聚集起来发动了武装起义，冲进王宫抓住了姬胡。

人民的力量是伟大的，姬胡被逮捕后，大家迅速成立了审判周厉王特别法庭，一审就把他流放到彘去了。厉王被废黜后，大臣召公和周公在人民的拥护下开始联合执政，史称"共和"。共和元年也是中国历史有确切纪年的开始，这一年就是公元前841年。

共和十四年，周厉王悲惨地死于彘。召公和周公接到消息后,拥立周厉王的儿子姬静即位,这就是周宣王。宣王在位期间,吸取了自己老爹的教训,任用召公周公等一帮贤明的大臣,"法文、武、成、康之遗风,使诸侯复宗周",周王朝开始了短暂的中兴。

其实总的来说,周厉王的历史功绩是很突出的,他既为我们贡献了"道路以目"、"防民之口,甚于防川"两条脍炙人口的成语,又一手促成了中国历史上首次人民暴动,还顺便使我们的历史有了确切纪年。虽然最后个人遭遇比较不幸,不过能够当上以后历朝历代的统治者们的反面教员,使自己的名字和事迹经常出现在各种教材上,实属不易。

周厉王墓

不受母亲待见的郑庄公

郑国在西周末年才得以分封建国，首府在今河南新郑一带，第一任君主是郑桓公姬友，他是宣王的弟弟，幽王的叔叔。姬友死后，他的儿子姬掘突即位，过了二十几年，姬掘突病亡，谥为"武"。而顶替郑武公为革命继续工作的人，就是他的长子姬寤生。

姬寤生这个名字非常的坦诚，"寤"是颠倒的意思，"寤生"就是倒着出生。原来他老妈武姜临盆的时候，他竟然是双脚先伸了出来，这下可把武姜疼了个死去活来，所以出生后母亲并不喜欢他，干脆给他起了个寤生的名字，以示惩戒。

过了几年，武姜第二次临盆的时候，顺利地产下一个听话的男婴，两下一对比，做妈妈的心中自然就有了偏向，所以武姜非常宠爱"易生"的小儿子姬段。

姬段长大后也没辜负武姜的期望，生的是明眸皓齿，唇红牙白，一副迷死人不偿命的明星像，老妈是越看越喜欢。所以武公临去世前，武姜就提出要他立姬段为新君，不过武公是个大周朝的老革命，脑袋自然比较僵化，认为立接班人毕竟不是选模特，最后还是立了长子姬寤生为世子。

郑庄公姬寤生即位第一年，武姜就迫不及待地提出要把姬段分封到富裕膏腴之地，于是庄公就把荥阳划给了弟弟，还大方地给了他一个荣誉称号——"太叔"。大夫祭仲提醒他说："荥阳比咱们首府新郑都大，应该直辖，不应该随便封人。"姬寤生装作一脸无奈，指着后宫说："没办法啊，都是让老太太给逼的。"

武姜通过这件事情，认为大儿子没主见，好欺负，便给姬段修书一封，让他在荥阳好好准备，联合各界人士建立反姬寤生统一战线，以图大事。

过了几年，姬段在武姜的挑拨鼓励下又修城墙又练民兵，搞的不亦乐乎。大夫们又一次提醒庄公，说姬段有谋反的迹象，庄公眯着眼意味深长地说："多行不义，必自毙，姑待之。"

又过了几年，姬段看着庄公这边好像没什么动静，于是便放开手脚明目张胆地大干起来，四处拉壮丁，把荥阳周围的农夫都编入了军籍。他还给武姜写了封信，约定好了时间，准备到时候来个上阵母子兵，里应外合的发动政变。

姬段母子俩兴高采烈、旁若无人地策划阴谋。庄公冷眼看着这娘俩演戏演的差不多了，姬段的反迹也暴露无遗了，马上果断地把几年前早已写好的姬段的罪状公布于众，并发兵讨伐。精锐的政府军一战就把姬段的农民军打的落花流水，溃不成军。只身出逃的姬段这时候已经成了头号通缉犯，理屈词穷、众

郑庄公画像

叛亲离,而自己的靠山母亲也自身难保,救不了他了,只好挥剑自杀了事。

郑庄公得知弟弟的死讯后,流下了鳄鱼的眼泪,他"悲痛"地对周围大臣们说:"我这个姬段弟弟啊,总是好走极端,本来还想兄弟俩一块把酒言欢呢,他怎么就这么想不开呢。"不过他对还活着的另一主犯武姜可就不那么客气了,冷着脸发毒誓对老妈说:"非到黄泉,不相见也。"心想干脆把她气死算了。

不过心理素质优秀的武姜妈妈也非比常人,虽然小儿自杀、大儿不认,但她依然像个邻家老太太一样活的自自在在。就这样过了几年,倒是庄公越来越坐不住了,一是世上只有妈妈好,母子终归血肉相连,感情肯定还是有的;二是时间长了,风波过后,人们又发挥了同情弱者的心理本能,觉得庄公不履行赡养老人的义务,实在于孝道有亏。这样武姜活的时间越长,庄公就越被动,但是自己毕竟发过"不到黄泉不相见"的毒誓,所以庄公对此也是左右为难。这时候,正好有个叫颍考叔的人来敬献贡品、巴结领导,得知情况后,对庄公说:"国君不必烦扰,只要给我几个民工,肯定解决您的问题!"庄公将信将疑,遂任命颍考叔为包工头。颍工头于是召集起农民兄弟,大家拿着古代化挖掘工具硬是挖通了一条通往武姜妈妈卧室的隧道,隧道深的连地下泉水都渗了进来,于是颍考叔把它命名为黄泉隧道。

隧道竣工典礼仪式上,郑庄公和武姜终于在"黄泉"相见了。后庄公虽然不计前嫌地原谅了她,不过这个狠心的老太太如果还有良知的话,也应会在羞惭中度过自己的风烛残年。

被噩梦吓死的武昭帝

　　睡觉时被噩梦困扰，想起来如骨鲠在喉。这大概是做过坏事的人的一般通病，后秦国主姚苌也不例外。他因为杀死了主子，也就是前秦皇帝苻坚，自己当了皇帝后，就再也没过上踏实的日子。这件事几乎成了他的一块心病，一直困扰、侵蚀着他的神经。月盈则亏，水满则溢，当一个人心里的不安积蓄到了一定程度时，也会集中爆发出来，走向另一个极端。

　　武昭帝姚苌的噩梦，最终让他落得个发疯发狂、惊惧而死的悲惨结局。如此死法，发生在一个万人敬仰的一国之君身上，听起来多少让人觉得有些可笑。

武昭帝像

83

姚苌是后秦的开国皇帝。后秦帝国，是五胡十六国时期，羌族建立的唯一一个割据政权。羌人的建国，可谓几经周折，经历了漫长的等待。从这方面讲，姚苌是幸运的，他圆了羌人主事中原的梦想，在羌族历史上写下了极其辉煌的一页。

姚苌开创的后秦帝国，是五胡十六国后期一个十分重要的、不可忽视的政权，它一度以关中为中心，雄踞中原，在北方，曾与慕容后燕二分天下，称霸一时。

姚苌能当上皇帝，也是姚氏一族不懈努力的结果，凝聚着父子两辈人的心血。姚氏一族是羌人中的贵族。姚苌的父亲姚弋仲，是个了不起的人物，很有政治头脑。适逢晋末丧乱，他专门笼络各方的人才势力，后来由于投奔的人很多，他的队伍也越来越大。羌人作战勇敢，加上姚弋仲的足智多谋，所以羌军也成为当时各方争取的对象，曾先后在前赵、后赵、东晋、前秦军中效力。

后赵灭亡后，姚弋仲投靠了东晋，被封为车骑大将军、仪同三司、大单于、高陵郡公。姚弋仲死后，儿子姚襄继任，便有了占据关中、进而称霸中原的想法。

结果遇到了刚刚兴起、有着同样想法的前秦。在与氐族势力的对峙中，姚襄连连败北，最后战死。姚襄的弟弟姚苌万般无奈，只得率军投靠了前秦。自此，也开始了他和苻坚之间的一段恩恩怨怨。

前秦帝国可以说是成也羌人，败也羌人。打败羌军，让前秦在关中站稳脚跟，继而构建起强盛的帝国大厦；而前秦政权濒临崩溃时，又是羌人给了它致命的一击，这其中一个关键人物便是姚苌。

姚苌为什么那么害怕苻坚呢？苻坚其实是一位明君仁主，讲

究"为政之体，德化为先"。比如对待慕容氏，慕容垂被排挤前来投奔时，苻坚力排众议、委以重任；灭掉前燕后，又妥善安置了慕容氏的皇族。这充分体现出他心胸开阔、广结天下的处事风格。

苻坚对姚苌，更是高看一眼，还封他为龙骧将军，对姚苌非常信任，礼遇有加。

前秦帝国的兴盛，姚苌是功不可没的。在广袤的北方战场上，无不留下羌军征伐的印记。像苻坚和宰相王猛一样，苻坚和姚苌，一样谱写了一段为人所称道的君臣佳话。

然而，姚苌和苻坚的决裂，源于一件偶然的小事：前秦淝水兵败后，北地长史慕容泓在关中起兵，建立西燕。苻坚派姚苌和儿子苻睿前去围剿，结果苻睿不听姚苌劝告，孤军深入，遭遇伏兵，战死疆场。

苻坚痛失爱子，要治姚苌的罪，姚苌一害怕，就赶紧跑路，最后逃到了渭北一带。附近一些豪族相继来投，推他为盟主。后来人马越来越多，于是姚苌自称大将军、大单于、万年秦

武昭帝像

王,建元改国,史称后秦。

白雀元年六月,苻坚亲率步骑 2 万讨伐姚苌。七月,因西燕慕容冲率军进击前秦都城长安,苻坚乃引兵回援。次年五月,西燕围攻前秦都城长安,双方展开了激战,前秦先胜后败,于是苻坚率数百骑兵逃奔五将山。

苻坚逃五将山,姚苌派兵包围了他,秦兵溃逃,苻坚身边只剩下十余个侍卫。姚苌向苻坚索要传国玉玺。苻坚大骂:"国玺已送晋朝,怎能送给你这个忘恩负义的叛贼!"姚苌又让苻坚把帝位禅让给他,苻坚又骂:"禅代是圣贤之间的事。姚苌你是个什么东西,敢自比古代圣人!"姚苌羞愤,派人把苻坚缢死在新平佛寺。386 年 4 月,姚苌入长安称帝,改元建初,国号大秦。

杀死苻坚,成为姚苌的一块心病,也是他屡做噩梦的诱因。

在五胡乱世,弱肉强食、适者生存是不二法则。人人都想当皇帝,人人都想分一杯羹。姚苌杀苻坚自立,是政治的重新洗牌,倒也无可厚非,政治的争斗本就不能以人性论之。

然而,说到姚苌后来的做法,则实在不敢恭维。他与前秦余部的对攻中连吃败仗,气急败坏之下,又"掘苻坚尸,鞭挞无数",不但把苻坚的尸体挖出来鞭挞,如此辱尸行为,做的就不怎么地道了。别说你姚苌曾经受过人家苻坚的恩惠,就是对待仇人,这也属于下三滥的勾当。

做贼毕竟心虚。无怪乎后来姚苌屡做噩梦,梦见苻坚"将天官使者、鬼兵数百突入营中",带领鬼兵来收拾他。姚苌惊惧到在皇宫内乱跑,宫人在帮他刺鬼时,不小心刺中了要害,"误中苌阴,出血石余",不久,姚苌不治而亡。

俗话说:不做亏心事,半夜不怕鬼叫门。像姚苌这样,如此残

武昭帝时期的星云镜

忍的对待苻坚，被噩梦吓死也不奇怪。究其原因，还是心里的不安积蓄到了一定的程度后，集中爆发的一种崩溃表现。敢作敢当方为大丈夫。姚苌做事不地道不算，还没有勇于承认的勇

气。面对噩梦中的苻坚，姚苌跪地磕头说："杀你的人是我哥哥姚襄，不要找我，你去找他吧。"

也不知是真吓坏了还是咋地，脑子如此清晰，将责任全推给哥哥，把自己摘个干净。这人，很不咋地。不过凡事也都要看用什么标准去衡量。从另一种角度上说，心里放不下事的人，说明其良心还未完全泯灭，还有着自己的道德底线。那些坏事做绝的人，照吃照睡，照样自我感觉良好，心理素质超强，当是特殊材料制成的人。还不如人家姚苌呢！

为求生学狗叫的晋怀帝

怕死,是每个人的本能,所以这个世界上好多人都会想尽一切办法活着。然而,对一个俘虏而言,想好好活着,就身不由己了。姑且称它为"被活着"。但被活着的滋味会是最难受的,甚至是屈辱的。可反过来说,谁又叫你那么爱活着呢?

史上就有这么特怕死的一位,他正是被匈奴俘虏了的晋怀帝。晋怀帝司马炽,是晋武帝司马炎的第二十五个儿子,即傻皇帝司马衷的弟弟。在司马衷当家期间,皇室内部你争我夺,时局非常混乱。为了自保,司马炽大门不出,二门不迈,不问政治,专攻史书。但司马炽想平安活着的好日子并不长。

在晋惠帝司马衷死去的第二天,东海王司马越以压倒一切对手的气势,把司马炽扶上了皇位。就这样,他被皇帝了。说是皇帝,其实就是一个傀儡罢了。从当皇帝开始,他就没有享受过权力,后来倒是享受到了,可他也被俘虏了。司马炽和他的那个白痴老哥司马衷一样,都是可怜的人。

想当年司马炎一共生了几十个子女,司马衷排行老二,而且妈妈又是皇后,立为储君那是当然的。司马炽就不同了,他是司马炎第二十五子,而且妈妈也不是皇后,如果不是兄弟都被杀完了,皇帝的位置怎么排都不会轮到他。

当年晋武帝驾崩前,大封同姓皇族为诸侯王,司马炽也在其中,他被封为豫章王。司马炽虽然也是诸侯王,但他的实力并不强。八王之乱时,司马炽肯定掂量过自己的实力,因此他并没有参加那场大乱战之中。可能是八王中不时有诸侯王惨死的消息,司马炽在整个混乱变故中显得非常的低调,他没有积极扩张自己的势力,也太热衷于结交宾客扩大影响力。他只是一门心思地钻研史籍,想避过混乱。

不过事与愿违,他还是被推到风口浪尖了。司马炽在担任散骑常侍期间,他的好叔叔赵王司马伦狠心地废掉了自己的好哥哥晋惠帝,司马炽和司马衷是穿一条裤子的,哥哥挨整,自己当然也跟着遭殃了。

后来司马衷复位,司马炽也短暂地辉煌了一下,被任命为射声校尉,并出任镇北大将军,还被立为皇太弟。不过当时朝廷把持在成都王和河间王的手上,而且他们两个都想占便宜,都不肯妥协,于是乎便拿司马炽当挡箭牌,让司马炽做他们的替身。其实司马炽什么权力都没有,再加上司马炽不爱争权夺利,于是司马炽也更加地没人搭理了。

司马炽即位以后,当然最大的受益者就是司马越了。司马越不仅当了下一届接班人的老师,而且还自愿抓全面工作——统

晋怀帝陵墓

掌朝政。说实话，怀帝也不小了，都已经22岁了，虽然他没有多大的能力，但和那个呆头呆脑的司马衷相比，就不是王奶奶玉奶奶只差一点儿的事了。

他可是研究过史学的人，又怎么甘心做一个任人摆布的傀儡皇帝呢？他也想做个自己说了算的一把手，对东海王的专权，他大为不满。而司马越呢，则是个玩弄政治权力的高手，他当然能看得出这个由自己一手扶植起来的皇帝的心思，他很是恼火，呵呵，想把我踢开，那你就把眼睛给我睁大了。

就这样一来二去的，君臣之间的矛盾日益加深了。怀帝为了讨回属于自己的权力，趁东海王出差期间，开始发展壮大他的力量。其实，到处都是东海王司马越的耳目，他很快便听说了这件事。

于是司马越急忙回朝，直接戴着佩剑入宫了。他先发制人，诬告以怀帝舅舅为首的皇帝的亲信试图谋反，并强迫威胁晋怀帝颁布处死令。晋怀帝害怕危及到自己的性命，无奈之下，就把这些心腹都杀死了。

家里闹得鸡飞狗跳的，那外人还不趁虚而入？在公元311年的春天，匈奴人刘聪率军直逼洛阳，烧杀抢掠，无恶不作。怀帝知道大势已去，想趁乱携太子及内侍人员逃跑。哪知，刘聪却不给他这个机会，非要活捉了他不可。

晋怀帝被活捉以后，怕得要命。为了苟且偷生，他完全丧失了一个王者的气节，心甘情愿地受尽嘲弄和侮辱。

就说晋怀帝及其随从被押送到汉国都城平阳以后吧。刘聪高堂而坐，怀帝和自己的随从以臣奴的身份在下参拜。刘聪说："看在我父亲刘渊与你的先帝有交情的份儿上，我就对你从宽处

理吧。封你个平阿公，怎么样啊？哈哈哈。"

晋怀帝本是平原地区的一家之主，而眼下却落个匈奴人的臣奴，没办法，谁叫自己爱活着呢，想到此，他也只好硬着头皮忍辱上前谢恩。

刘聪看到他苟延残喘的奴才样儿，就变本加厉地羞辱他"卿家骨肉相残，何其甚也？"哈哈，看看你们家，就这样？晋怀帝红着脸答道："这是天意，假如我家兄弟间不互相残杀，能守住武帝的基业，哪还有陛下的今天啊？"刘聪听了，哈哈大笑。

更有甚者，刘聪外出打猎时，让晋怀帝学着当猎犬，跑在队伍的前面追捕猎物，还不停地嗷嗷叫着，后面的人也呐喊怪叫着哈哈大笑。这种活法够受的吧？

在一年多后的元旦这一天，刘聪大宴群臣，为了助兴，他想拿晋怀帝开涮，下令让晋怀帝穿上奴仆的青衣，为匈奴人上上下下挨个地洗杯斟酒。这使晋怀帝羞愧难当，就是不敢反抗。

随臣庚珉、王俊看到主子屈辱的样子，心里像刀剜一样不是滋味，愤恨到了极点。终于忍不住了，当场号啕大哭起来。刘聪见状，大发雷霆："你们两个奴才，想反了不成？快快把他们轰出去！"之后，随便定了一条罪名，便将这二人杀了。刘聪还觉得难消心头之恨，命人带着药酒送给晋怀帝，把他给毒死了，晋怀帝时年仅仅30岁。

人不可有傲气，但不可无傲骨。与其像晋怀帝那样屈辱地活着，还不如壮烈地死去。

文人篇

不讲个人卫生的王安石

　　自古文人不拘小节,每个人都有自己的生活习惯和小怪癖。但是像北宋时期王安石这样邋遢名家,可就为数不多了。王安石不讲个人卫生究竟到何种程度?毫不夸张,王安石不讲个人卫生可以说是古往今来数一数二的,其肮脏程度真可谓是空前绝后,从古代的人居环境与生活条件,一两个星期不洗澡也情有可原,可若是一年半载都不洗一次澡,宽衣长袍、发髻高盘,其令周围人掩鼻而去的结果就不难想象了。

　　王安石贵为中国历史上杰出的政治家、学者、诗人、文学家、改革家,唐宋八大家之一,他的衣着打扮绝对不是风流倜傥,生活习惯也绝非干净、整洁,更是不会有琴棋书画诗酒花的雅兴了。单是他不洗澡这一件事,就足以引发一系列的不良后果了。

　　可以想象一下,一位长衫、长发、长髯的男人,终年不洗澡,带着一身足以让人发狂的气味谈诗变法……最倒霉的要数他身上的那件衣服,酸臭难闻!跟王安石打交道的人,经常是未见其人先闻其味了,鼻子比眼睛更先得知这位大师的莅临。大诗人苏洵就曾这样描述过王安石:"穿着囚犯一样的衣服,吃牲口才会吃的食物,蓬头垢面,竟然还在那儿安之若素地大谈史书。"由此可见，王安石果真是北宋时期的一朵奇葩。

除了不讲个人卫生这一点，王安石做出的杰出贡献也是首屈一指的。他少时苦读，博学多才，为官之后四处漂泊。早年以秘书郎签书淮南节度判官厅公事时，王安石经常彻夜读书，只有在天刚放亮的时候，才会在椅子上打个盹，睡醒后，来不及洗脸和梳头发就又跑去做事，久而久之，王安石就养成了不修边幅的坏习惯，彼时他只有二十二三岁的光景。

不仅长年累月不洗澡，王安石也不爱洗脸。他的脸上日积月累了厚厚的一层灰，家人见他脸色暗淡，还以为他的身体有什么问题，于是就请来了大夫。大夫只是看了看王安石的脸，便无奈地说道，这哪里是生病，只要把脸上的灰泥洗一下就好了。

家人听闻后，赶紧让他洗脸。面对着端来的一盆热水，王安石却毫不领情，反而黑着脸说："我天生就长得黑，再怎么洗也白不了，别浪费工夫了！"

实在没办法，不洗澡、不洗脸，不搞任何个人卫生，王安石的身上生了不少虱子。最绝的是有一回，王安石面见宋神宗，有一只虱子竟然不识时务地爬到了王安石的胡须上！宋神宗忍不住笑出了声，王安石自己还不知道是怎么回事，以为自己说错了话，直到出了门问同僚，这才明白过来。王安石急忙让手下人把胡子上的虱子抓走，同僚还促狭他说："这是宰相脸上的虱子，还被皇帝亲自鉴赏过，不能轻易抓走。"此后，这个笑话便成为王安石的经典段子，被广为流传开来。

看到这里，众人一定会想，个人卫生如此脏乱差的男人，再怎么腹有诗书，也肯定是娶不到老婆的，哪个女人愿意捏着鼻子跟这么又脏又懒的男人睡在一起啊！

错！别看王安石如此邋遢，可是却讨了个有点洁癖的老婆。古时的文人政客无一不有自己传奇的人生，相必能容忍王安石的这一点的女人，也不是世俗常人所能理解的。

自从王安石被罢免在家后，只因家中尚有一个公家的藤床一直没有还，衙门便派人上门讨要，但管家们都不敢做主。有一天，王安石光着脚丫子躺在藤床上，被老婆大人远远看见，大概嫌他躺脏了藤床，马上叫人把床给扔了。好笑的是，以王安石多年的生活习惯来看，不知他因不讲究个人卫生糟蹋了多少好东西，今天扔一张床，明天扔一把椅子，如果他不是当时的名仕，有着可观的收入，恐怕早就把家业败光了。

那么，王安石单是在卫生方面令人嗤之以鼻吗？不是，王安石在礼仪待客方面也十分欠缺，甚至让在座的人感到哭笑不得。北宋时期，非常讲究吃饭待客的礼仪，而贵为宰相的王安石却经常无视任何礼节的存在。

史书记载，有一次，宋神宗宴请官员吃饭，让他们自己钓鱼，钓上来之后交给厨房去做。别人都在钓鱼，王安石坐在那里非但一条鱼都没有钓，反而

王安石塑像

把一盆鱼食都吃光了! 宋神宗问他为什么和鱼争食, 他却心不在焉地说, 自己根本不知道自己在吃什么。由此可见, 当时的王安石一定是在思考国家大事, 那颗心根本就放没在玩乐上。

还有一次, 王安石的一个远方亲戚萧公子来到京城。王安石请他吃饭, 既然是拜见宰相, 萧公子特意穿了一套华美的衣服, 以为王安石会盛宴款待他。于是, 拜见完毕之后就安心地等着美味佳肴上桌。

可是, 中午都过了还没见端饭上来, 萧公子饿得肚子咕咕直叫, 可又不敢走, 就只好等着。又等了很久, 王安石才宣布开饭, 结果一入席, 萧公子差点没气晕过去, 这哪里是什么盛宴! 一人一个酥饼, 再加几块

王安石纪念馆

切成小块的猪肉, 旁边放着一锅菜汤, 连普通人家的饭食都不如, 宰相的款待可真是寒酸啊!

萧公子平日大鱼大肉惯了, 哪里吃得下去这等饭食, 又不忍驳宰相的面子, 只好将就着吃了几口酥饼, 菜更是吃了几口就不再下筷了。王安石见状倒是不客气, 把他剩下的酥饼端到自己面前, 干净利落地填进自己肚子里。萧公子见状连忙起身告辞, 以后逢人就讲起这段令人啼笑皆非的"宰相宴"。

更奇葩的事还在后面。有一天，朋友们告诉王安石的夫人，说她的丈夫特别爱吃鹿肉，这让她百思不得其解，一向不在乎吃喝的王安石怎么突然爱吃起鹿肉了？朋友告诉她，他们吃饭的时候，王安石别的都不吃，就把一盘鹿肉吃光了。

夫人问鹿肉摆在什么地方，朋友们说就摆在王安石的面前。夫人这才明白过来，告诉他们，王安石吃饭向来只盯眼前的那道菜，直到吃光为止。设想下，如果放在王安石面前的是一盘咸菜，难道他也会一口气吃完吗？

都说恶习难改，但后来的王安石却渐渐讲究点卫生了，说到这里还要感谢两个人，那就是王安石的两个死党，一个是吴仲卿，另一个就是韩维。这两位君子对王安石的邋遢形象实在看不过去了，又不好直说，就想了个办法。

他二人邀请王安石每月到寺院摆龙门阵，谈得差不多了就一起去洗澡，趁王安石洗澡的时候让寺院里的人把他的脏衣服拿走，换一套新衣服摆在那儿。

王安石每次洗完澡总是看都不看就穿上新衣服，从不问新衣服是哪儿来的。可是这样几次下来，王安石觉得比以前舒服多了，渐渐的也就爱穿干净衣服了。

细想一下，王安石身肩国家重任，对文化、政治、经济领域的变法都有着不可取代的大作为，生活中却是一个低能儿，他只不过把别人用来考虑吃喝和衣着的时间都用在国家大事上了，不修边幅，只是他不屑这些生活中的细枝末节罢了。

不靠谱的文青东方朔

很多时候，一个不靠谱青年的出现，和他所在的时代大有关联。

东方朔在历史上是有名的青年才俊，他的放浪形骸，他的嫉恶如仇，他的民间传说种种，都凸显了他个性的另类。而能使他淋漓尽致地展现个性张扬的自己，最重要的一点，有一个宽容大度和同样不靠谱的皇帝在他身后支撑着，那就是汉武帝。

在历史上，可以说最早进行"海选"的就是这个超前皇帝了。比如历史上那个赫赫有名的出使西域的节度使张骞，就是借着汉武帝的海选而一展才能的。

汉武帝刚继位那会儿，政治清明，任人唯贤，地方海量推举人才，皇帝的职责就是在这些人才济济的候选名单里淘宝。

古时的人才，最重要的一点就是文章写得好，在自我推荐中看文采，在简历中看学识。比起写文章来，那是东方朔最擅长的一项。可同样写文章，别人就是没他写得好，就没他写的煽情与到位。

在这篇流传千古的简历中，东方朔先写出自己出身寒微的身份，草根出身，父母早逝，由哥嫂辛苦抚养成人，12岁开始读书，只读了三年，就已经够用了。潜台词就是，我聪明绝顶，文采了得；15岁我开始学习击剑，并继续学习了高中以上的文化课程，读了能有二十二万字的书籍，又开始继续学习兵法，也就是说我能文能武，才学上的能力是毋庸置疑的。

谈完自己的内涵，东方朔又开始细细描述起自己的外表来，这完全是一种自恋式的自我找描摹：我长得高大帅气，牙齿像贝壳一样整齐洁白，我的眼睛亮得像珍珠一样。我还骁勇善战，对朋友很讲义气，总之，我是个文武兼备，才貌出众，几近完人的人，要是我这样不能做皇帝的大臣，你就遗憾去吧！

就这样一篇溢美自己的文章，明眼人一看就是自吹自擂，可却偏偏被汉武帝一眼相中，赞不绝口，恨不得马上见到他。

站在我们现代人的角度，也不难理解，汉武帝每天翻看山一样高的奏章、文件，枯燥乏味，昏昏欲睡，冷不丁出现这么一个比较另类的介绍自己的文章，他能不被吸引吗？至少带着一种非常好奇的心态猜想，这是个什么样的人。

有了书面吹捧先入为主，东方朔的第一次亮相就令汉武帝大跌眼镜，这才相信现实与梦幻之间差距实在是太大了，完全是名不副实。所以说，东方朔的诡诈与海吹成了他独特的标签。

汉武帝并没有因东方朔的外表不过关而没有重用他，相反，一

东方朔塑像

上来就给他一个"公车"的职务。所谓的"公车"也就是个闲职，没有什么权利，摆设而已。东方朔开始还有点小得意，可渐渐他发现同样海选上来的董仲舒等

东方朔雕像

人都官居显赫,心里就有点不是滋味了。自己的这个小小的"公车"简直是《西游记》里的弼马温一样,实在让人心里不爽啊!

可怎么办呢? 东方朔心想,既然汉武帝不给我一个像样的官职,那我就自己想办法要来。于是,他开始了新一轮的恶搞。他找来为皇帝喂马的侏儒,声色俱厉地对他们说:皇上说你们耕田没有力气,当官不能治理百姓,打仗又不勇敢,一点用处也没有,还白白消耗国家的粮食,准备把你们这些白吃白喝的人通通杀掉!

这些喂马的小厮们登时吓坏了,就求东方朔出主意救他们,东方朔想了一想说:假如皇上路过这里,你们就跪下来求饶,或许会有点作用。

说来也巧,汉武帝从这儿路过,侏儒们齐刷刷、黑压压地跪了一大片,哭哭啼啼,高呼"皇上饶命"!汉武帝莫名其妙,问他们为何求饶? 侏儒们说:东方朔说皇上要把我们这些人全杀了! 汉武帝一听,知道是东方朔捣鬼,便质问他:你把侏儒们吓得半死,到底为什么?

东方朔理直气壮地说:那些侏儒们不过三尺,俸禄却是一袋米和二百四十钱。我身高九尺三,俸禄也是一袋米和二百四十

钱。他们吃得肚皮都要撑破，我却饿得前心贴后背。如果陛下觉得我的口才还有用，就先让我吃饱饭。如果觉得我没用，请立即罢免，也好为长安节约点儿米。

汉武帝一听，乐不可支，立即让东方朔从"公车"待诏转到金马门待诏，这样，东方朔收入提高了。

自此，东方朔开始了自己的恶搞人生。有一次汉武帝下诏赏赐诸大臣鲜肉。大臣们都在等，东方朔却自己割了一块肉揣在怀里走了。武帝让他检讨，他却说，拔剑割肉，多么壮观！只切了一小块，多么廉洁！一点不吃，全部带给老婆，真是爱妻模范，武帝大乐，又赏赐了他。

在民间有关东方朔的传说很多，且花样百出，稀奇古怪。东方朔完全颠覆了儒家谦谦君子的形象，在文人眼中，是另类的代言人。

东方朔的不靠谱千古有名，尤其是在婚姻上格外与众不同，对感情的认知就像换衣服一样，常换常新。东方朔娶妻有三条铁律：一是专娶京城长安的女人，二是专娶小美女，三是一年一换。皇上赏给他的钱财，他全都用来打发旧美女，迎娶新美女上了。群臣看不惯他这一套，都说

东方朔木雕像

东方朔是"狂人"。汉武帝倒似乎很理解他，说：假如东方朔没有这些毛病，你们谁能赶上他？

东方朔画像

　　东方朔的所作所为都有点随心所欲，更离谱的是他竟然敢在皇帝的朝堂上撒了一泡尿。当时就有人说东方朔是"疯子"，东方朔却说：我只是一个在朝廷中避世的人。如此大不韪，也就是汉武帝度量大，不与他计较罢了。

　　可如此不靠谱，汉武帝为什么还能容纳他呢？想必"压力山大"的汉武帝不仅需要建功立业的董仲舒、卫青，也需要能让他快乐的东方朔做生活的调剂品吧！东方朔也不负众望，频繁笑料，奠定了他是相声祖师爷的地位。

喜欢听驴叫的文人

　　就当古代业余生活贫乏，缺少现代人的娱乐项目，但也不能把听驴叫当作艺术欣赏吧！可是，历史上的某个时期就真有把驴叫当音乐欣赏的奇闻怪事。

　　魏晋时代，民间流传着这样一个趣闻：有人听见驴的叫声，就像听到了天籁一般的仙乐，如痴如醉，乐此不疲。就拿"建安七子"之一的王粲来说，此人就有此癖好，每次听到驴叫，都高兴得不亦乐乎。当时的很多文人雅士甚至帝王将相，也都把听驴叫、模仿驴叫当作一种风尚，一种潮流。这古代还真是怪事多多。

　　建安时期，曹操父子当权。曹氏父子三人都喜欢文学，被誉为当时的文坛领袖。当时，曹操专门命人在邺城建造了一座铜雀台，据史料记载，铜雀台高十丈，上面建有百余间房屋，专门供"建安七子"等文人名士活动所用。曹操的儿子曹丕是魏国的第一位君主，也是当时的文坛领袖，他与"建安七子"的关系十分密切，经常和他们在一起饮酒作诗，谈心聊天。

　　在"建安七子"当中，王粲是公认的最富才华的人。他为人诙谐幽默，气质不凡。比如，当他高兴的时候，就喜欢学驴叫，引得大家捧腹不已，因而他常常成为聚会上的焦点。

历史上所记载的王粲是个博学强记的文人，也就是说记忆力超好，有过目不忘的本事，一次，他和朋友一边走一边阅读路两边的碑文，朋友问他，你能背诵下来吗？王粲说，当然能了，于是，他就当着大家的面把刚才看到的碑文从头背到尾，居然一个字不差，他还擅长写文章，一下笔就成篇，不用修改，因此，常常让人以为他是事先写好的。

就是这样一位出色的古代文人，在"建安七子"中成就最高。可惜的是，王粲的健康状况一直很差，虽然只活了41岁，但死前20年却一直生活在病痛的折磨中。

因病的关系，王粲和张仲景交往密切。张仲景凭着自己多年的医疗经验，发现这位仅有二十几岁的年轻人虽然才高八斗，壮志在胸，身体里却隐藏着可怕的"麻风病"的病源。于是他对王粲说："你已经患病了，应该及早治疗。否则到了四十岁，眉毛就会全部脱落。眉毛脱落半年后，就会死去。"

王粲听了很不高兴，自认文雅、高贵，身体又没什么不舒服，对张仲景的话就没有在意。而张仲景给他开的五石汤，王粲更没有当回事。过了一段时间，张仲景认真观察一下他的神色，摇摇头，严肃而又深情地对王粲说："你并没有吃药，你的神色跟往常一般。你为什么讳疾忌医，把自己的生命看得这样轻呢？"

王粲无言以对，但始终也没有听从张仲景的劝告，果然在他四十几岁的时候眉毛慢慢地脱落，此时再想医治为时已晚，眉毛脱落半年后，他就被麻风病夺去了生命。

作为王粲最好的朋友，曹丕不胜伤感，感叹王粲的死是文坛的一大损失。于是，曹丕特意为王粲举行了隆重的安葬仪式，他亲自带着这批文人雅士前去祭奠王粲。

在王粲墓前，曹丕说道："什么官话、套话之类的东西就不要说了。王粲平日最爱学驴叫，让我们一起学一次驴叫，送他入土为安吧！"随即，曹丕率先学起驴叫。在场的其他人无奈，只有跟着学起来，一时间，王粲墓前响起了一片此起彼伏的驴叫声。那场面，想想都叫人捧腹。

官员们不得不遵命"叫"起来。在曹丕的带领下，大伙儿一起学起驴叫来：既有原生态的，还有海豚音。各种"驴"叫声真是五花八门、此起彼伏，把王粲的葬礼搞得好不热闹，宛如卖驴的集市，而王粲的灵柩也就在一片"驴叫"声中下葬了。

在现代人看来，"学驴叫"这种送葬仪式似乎不可思议，至少是一件不严肃的事，可当时的文人正处在追求精神自由、个性解放、放浪不羁的过渡期，更何况自古文人都放浪不羁，他们这种不拘于固定形式对友人真心的祭奠，更体现了曹丕与"建安七子"的特别感情。

王粲塑像

让白居易厚爱的"哭神"

中国古代著名诗人白居易的性格中有着文人少见的刚毅一面，且是一个不轻信于人的人，然而，历史上却有一个人是白居易最相信最推崇的，并且这个人自唐代至今在中国文坛走红千年，被历代的文人墨客重笔讴歌，有时甚至还要流下几滴感动的泪水。连白居易也无一例外地为他流泪惋惜。

这个人就是唐衢，一个史书没有多少记载的小人物。公元801年，白居易游玩时于滑州李翱家和唐衢不期而遇。从白居易的诗作中可以发现，其实他们仅一面之交，其后则是书信来往。在这次仅有的一次见面中，白居易感觉相见恨晚，两个人同榻而眠，其实并没睡着，而是秉烛夜谈了一夜，第二天喝过酒，唐衢又骑马依依不舍地送白居易远去，从此，他们天各一方，再也没有机会相聚。

不过，在李翱家的这仅有的一次会面却给白居易留下了终身难忘的印象，白居易担任左拾遗时，曾写过一首《寄唐生》，赠给唐衢。这首诗中有"我亦君之徒，郁郁何所为？不能发声哭，转作乐府诗"之句。这里"君之徒"的"君"指的就是唐衢。此处白居易竟直白地在唐衢面前屈身称徒弟，可以想象，这首诗在当时带来了多么大的震动，给后人会留下了多么猛烈的冲击。

唐衢究竟有什么真功夫值得白居易刮目相看呢？依照常人眼光来看，这位高人其实并不算高。他一生没有官禄，没有地位，50多岁时，依然衣食无着。他的诗作水平在诗歌横流的大唐，三流也算不上，据说他作诗千首，可没有一首流传后世。空戴着一顶才子的帽子。

按照白居易的说法，唐衢写的诗都因散落民间而遗失。这样的说法似乎不能服人，因为唐代草根型诗人的作品中能万古流芳的并不少见。唯一可能的原因，就是这位高人的水平有问题。

不过，说他高，是因为唐衢有一手超凡脱俗的绝活儿，就是中国男人最鄙视的哭鼻子。

康有为在《出都留别诸公之一》中曾有过这样的诗句："沧海惊波百怪横，唐衢痛哭万人惊。"

《国史补》这样描述唐衢："进士唐衢有文学，老而无成。善哭，每发一声，音调哀切。遇人事有可伤者，衢辄哭之，闻者涕泣。尝游太原，遇享军，酒酣乃哭。满坐不乐，主人为之罢宴。"哭，并不是男人的特长，但唐衢能哭得伤心，哭得动容，哭得周围的人六神无主，这的

白居易塑像

确是个硬功夫。而白居易如此欣赏，这里面一定有文章。也不仅仅是萝卜白菜各有所爱那么简单。

其实，白居易欣赏唐衢是有历史背景的。当时，白居易发起新乐府运动，以讽喻诗为武器，针砭时弊，为人民的疾苦而呼吁，这在当时可以说是忤逆了当时的权贵，损害了这些人的利益，这一点白居易是心知肚明的，正如他在《与元九书》所说的："闻仆《哭孔戡诗》，众面脉脉，尽不悦矣；闻《秦中吟》，则权豪贵近者，相目而变色矣；闻《登乐游园》寄足下诗，则执政柄者扼腕矣；闻《宿紫阁村》诗，则握军要者切齿矣！"由此看来，当时白居易的创作环境是十分尴尬的，他不但忍受着外人的白眼，有时甚至会遭到讥讽和谩骂。可想当时的白居易如何"亚历山大"。

可如何转嫁这种"亚历山大"，只能借他人之举缓自己之压。不管别人怎么看，白居易认为，唐衢这种哭不是无聊的哭，而是忠与义的抒发，这种哭，比诗句更美丽，比唱歌更动人。

唐衢死后，速来有乐天派之称的白居易，情感闸门再也关不住了，他要以哭还哭，以泪还泪，终于发出了最后的吼声："何当向坟前，还君一掬泪。"看来，白乐天也有不乐的时候。

唐衢作为一介草民，身后没留一首诗，本该名不见经传，但后来的诗人、史官们顺着白居易指引的方向往他的"善哭"上一聚焦，一个光彩夺目的为正义而哭的高大形象便跃然而出。

有心栽花花不开，无心插柳柳成荫。当初，唐衢在官场上一事无成，在诗坛上毫无建树，没想到在白居易的亲自热捧下竟然一哭成名，他在九泉之下，应该感谢乐天先生了。

精英"枪手"温庭筠

说起"枪手"这一行当,虽不是人类最古老的职业,但历史之悠久在人类长河中也是可圈可点的。早在战国末年,就有史上最强大的"枪手"团队,当时身为卫国的有钱商人吕不韦受封秦国丞相后,独揽朝政十年之久。但他并不满足于此,此君狂想自己能够像孔子那样流芳百世,于是他传话让自己养的三千门客共同代笔,写成一部《吕氏春秋》,然后挥笔署上自己的大名。他还命门客把全文抄出,贴在城墙上,并张贴布告——谁能在书中改动一个字,当即赏黄金千两。

布告贴出,万人争相阅读,但仍然无人来改动一字,"一字千金"的成语自此问世,

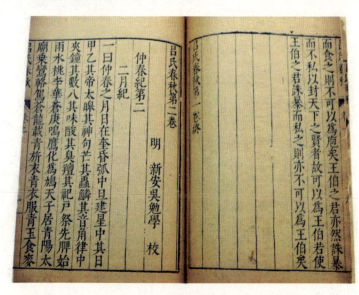

《吕氏春秋》

《吕氏春秋》也一炮而红。这是明目张胆地找枪手写文章,而且居然流芳千古。

另有一种因嫉成恨冤枉人家找枪手写文,说的就是三国时期的曹丕,因对才华能力超过自己的弟弟曹植心怀嫉妒与猜忌,于是趁自己父亲曹操一死,就想了个馊主意,让曹植在七步内写完一首诗,如写不完就杀头,并表示,对曹植之前写诗的成就深感怀疑,怀疑有人代笔。而事实,就是诸位看官都知道的结果,曹植含泪作出七步诗,证明并没有枪手替自己代笔。然而欲加之罪何患无辞?曹植死罪可免,但还是被亲哥哥贬到乡下终老此生去了。

这还不算最卑劣的,最令人瞠目的是皇帝找人当枪手写诗,说的就是喜欢附庸风雅的乾隆,他一生痴迷写诗,总共留存4万多首,这一数量空前绝后,然而质量上乘的却寥寥无几。

其实,乾隆的许多诗作都由他人代笔,包括民间传颂的那些名句,其中要数大学士沈德潜的功劳最为突出,因此沈德潜生前备受乾隆宠爱。

沈德潜死后,其门人整理他的作品时把他为乾隆代写的诗也收录了进

乾隆帝像

历史的天空

历史上的囧人囧事

去,令乾隆恼羞成怒,下令把沈德潜的尸体挖出来鞭打,还查抄了沈德潜的家,可见找枪手"代笔"这种事是不足为外人道也。其实乾隆皇帝真的没有必要,他的字已经很好了,还有那么多的开明举措被世人赞赏,根本没必要找枪手做诗为自己增加什么含金量,简直是多此一举。

看到这里,我们只是把古往今来的枪手做了个小小的汇总,我们要说的重点,就是接下来的枪手温庭筠。如果要评出谁是历史上第一枪手,晚唐的大诗人温庭筠肯定是无人与之匹敌,第一枪手非他莫属。

温庭筠,本名岐,字飞卿,山西祁县人,晚唐诗人。除了擅长诗文,温庭筠还有一个十分有趣的身份——考场"枪手"。替别人考试的枪手古代称之为假手,在这个特殊的群体中,可谓明星荟萃,高手如云。温庭筠能够脱颖而出,独见其绝世的才华与本领。

温庭筠能入《唐才子传》,可见其分量十足。他每次考试,押官韵,从不打草稿,只是笼袖凭几,每一韵一吟而已,场中称他为"温八吟",又谓八叉手成八韵,名"温八叉"。可见其作文功底相当深厚,完全具备当一个优秀枪手的条件。而且,温庭筠当枪手完全出于自愿,从不收费。

温庭筠从 40 岁到 55 岁这段时期,多次参加科举考试,却屡试不中,但他积累了丰富的考试经验,并将考试的潜规则烂熟于心。

据说唐代的科举考试相当之严格,考生进入考试时,不但要脱衣搜身,还要在考生的坐席之间设置隔离物,那时虽然没有什么电子产品的介入,但你若想交头接耳传卷子、抄题是很难的。就是人为的看官。也就是在这样的环境中,温庭筠依然大显身

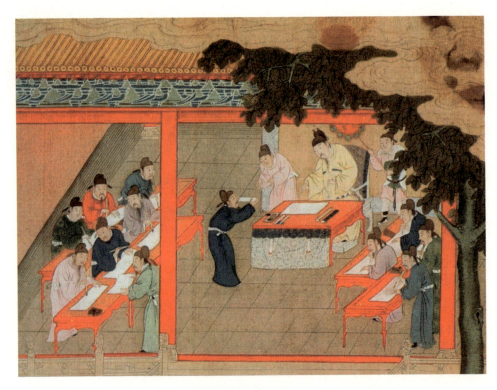

古代考试图

手,成为了一个合格的"枪手"。

最令人佩服的是唐宣宗大中九年,即855年的那次考试。当时,担任主考的是北山侍郎沈询。为了防止作弊事件发生,主考官把防范重点锁定在温庭筠身上,因为从历年的考场违纪记录看,温庭筠当"枪手"是出了名的,只要把这个人管好了,其他人就不会有什么大问题。就像是在赌场,你出一次老千,就会被人盯死的。

于是,沈询特意把温庭筠的坐席设在自己面前,并与周围考生隔出一段距离,他要目不转睛地盯着这个不守纪律的考生。

考试开始了,温庭筠照常作答,考场中并没有什么异常。过了一会儿,温庭筠感到身体不舒服,就提前交了卷子。

沈询一看,温庭筠竟然在这么短的时间写了一篇千字的文章,而且言辞工整绮丽文采斐然。更令沈询意想不到的是,温庭筠在考场外悄悄告诉别人,这次考试我又"救"了八个人。

原来,唐宣宗大中九年的这次考试的考题出现了严重的泄漏,温庭筠是不是暗地里弄到了原题不得而知,不过经过这次考试,一批与考试有关的官员得到了严肃的处理。

这一次考试,温庭筠依然名落孙山,但他没有怨恨自己,因为有多少次落选,他早已习以为常。

后人很多次推测,温庭筠为什么乐此不疲地充当"枪手"呢?是他讲义气、乐于助人?还是为了在众人面前卖弄才学,显示自己的能耐?其实都不是。

温庭筠是想通过这种方式揭露科举考试的黑幕。屡试不中的他,早已经看透了科举制的黑暗,滋生了对科举考试的叛逆心态。他要通过当"枪手"扰乱考场的秩序,让人们看清科举制的真面目。

当然,温庭筠这种无言的宣战也付出了沉重的代价,他不但屡试不中,而且还落了个"品行败坏"的骂名;虽然他的才学过人,就连唐宣宗也佩服得五体投地,但他一生仕途坎坷,只担任了县尉、国子助教这样不起眼的小官。

不过,这些坎坷没有埋没温庭筠的才华,他在科举考场外开辟了属于自己的天地,凭借诗词兼工的文采,成为花间词派的重要人物,被称为"花间鼻祖"。

最会聊天的文人许敬宗

说起唐朝的许敬宗,很多人会觉得他很腹黑,从涟州别驾一直做到宰相,可谓青云直上。但他被世人认为是一个大奸臣,因此宋朝宋祁写《新唐书》人物传时,将他列入《奸臣传》。

因为聪明加上嘴上无德,许敬宗遭贬数次。史书中记载,李世民征辽,将士搭好云梯攻城,城头之上箭矢飞石如蝗,李绩带着中书舍人许敬宗督战,见一将士冒死头一个爬上城楼,李绩惊叹:这小伙也太勇敢了吧!许敬宗则撇着嘴说:不是勇敢,是没脑子。李世民听说了,差点要治他的罪,最后贬官了事。

许敬宗没少因为口无遮拦闯下大祸,另一次贬官也很有喜感,发生在一次隆重的丧事上。长孙皇后薨,群臣吊唁,许敬宗看见一只猕猴戴着孝噙着泪,一张猴脸含悲忍痛的,就不合时宜地大笑起来。这简直是大不敬,被御史弹劾,又是降职处理。话说那猕猴不是旁人,正是大书法家欧阳询,猕猴的外号来自长孙无忌取笑他的一首打油诗。

许敬宗身上最牛的不是他的诗,而是他与唐太宗李世民的聊天记录。彼时李世民的言路疏浚得算是不错,还有些自由言论能达上听。所以一定是听到有人说许敬宗的劣迹,才有此一问。

李世民问：朕瞧着满堂文武就数你最贤，可是怎么还有人说你人品不好呢？许敬宗答：春雨如膏，滋长万物，农人喜其润泽，行人恶其泥泞……总之话说得相当漂亮，最后的总结陈词是：人生七尺之躯，谨防三寸舌，舌上有龙泉，杀人不见血，谁人背后不说人，谁人背后无人说？

皇上听了之后大为动容，觉得这臣子的话怎么就那么有哲理呢。以后更是对他用之不疑了。这则著名的聊天记录告诉我们一个道理，想当个奸人也是需要有好口才的，至少不能像职业发言人那样，面对外邦提问，你问东他答西，马嘴距驴唇万里，恨不得扛个"回避"牌子示众，又失风度又缺气度，还显着智商特别低。

许敬宗其人，最典型、最精彩的一段台词，是在唐高宗立武则天为后的关键时刻说的。他说：庄稼汉多收了十斛麦子，就想换妻子。天子富有四海，想立一皇后，臣下说不可以，有什么道理？他的一席话，使高

李世民像

115

宗下定了废王皇后、立武则天的决心。

许敬宗"于立后有助力",高宗满意,武则天更满意,投桃报李,不久,许敬宗被提拔为宰相。可以说,那时的许敬宗可以说是位高权重,红极一时的人物。

除此之外,许敬宗还有不为人知的守财奴的一面。

史书上记载,许敬宗爱财如命,为了敛财,不惜把自己的女儿当作商品。刘肃《大唐新语》说:许敬宗将一个女儿嫁给富豪冯盎之子,又将另一个女儿嫁给本是皇家奴仆、后升监门将军的新贵钱九陇的儿子,动机也是贪图钱财。他嫁两个女儿,得到聘金数十万。

不但如此,许敬宗为儿子娶妻也要捞一把。人家儿子结婚赔钱,他家赚了大钱。在唐代,婚姻讲究门当户对,而且十分看重门第。京中高官许敬宗嫁女于岭南酋长的儿子及原皇家奴仆之子,当时的人不可理解。于是,有关部门弹劾他,说他为图钱财不惜将女儿远嫁酋长之子。因此他被降为郑州刺史。

许敬宗既贵且富,不缺钱花。除了俸禄及朝廷的赏赐外,还有很多"黑色收入"。他先后担任过多种官修史书的主编,前后所得赏赐不可计数。可他还不满足,利用编书之职收受贿赂。编书还能受贿?当然能。

许敬宗的奸诈充分体现在治史上,许敬宗的战友李义府是收钱卖官,他是收钱改史。许嫁女时收了不少彩礼,就把亲家写得鞠躬尽瘁死而后已,宛若诸葛亮;有个叫庞孝泰的武人,征高丽时溃败得一泻千里,因为使了银子,许敬宗就把他写成了一代名将,和武功盖世的苏定方齐了名,忠勇无敌仿若关云长。

许敬宗的儿子娶了尉迟宝琳的女儿,因"多得赂遗",就把尉迟宝琳的爹尉迟敬德写得像花儿一样，尉迟恭干得不那么光彩的事皆隐匿不书。李世民感激长孙无忌的倾力辅佐，写了首《威凤赋》赠之，这无上荣光也被许敬宗安到尉迟敬德的头上。

他在书中给人立传，传主家贿之以重金，他就为人家玩"曲笔"，歪曲事实，过错写成功劳，丑的写成美的。

他的亲家钱九陇，原本是唐高祖的奴仆，许敬宗为他捏造光荣的门第、显赫的功劳，还将他与有名的大臣刘文静等合传。

许敬宗像

许敬宗生活奢靡，日常开销极其浩繁。"营第舍华僭，至造连楼，使诸妓走马其上，纵酒奏乐自娱"。

他的府第特别豪华，超过了朝廷规定的官员住房规格。他家楼连着楼，相当于现在的联排别墅，那些歌姬们居然可以在"连楼"上跑马。为了过这样的奢华生活，许敬宗当然要

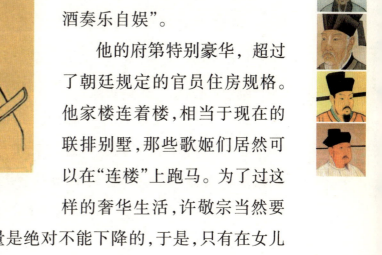

变着法子捞钱。生活质量是绝对不能下降的，于是，只有在女儿和儿子身上捞偏财了。

非正常死亡的薛道衡

作为被后世誉为隋朝最负才名的诗人，薛道衡因其才名历北齐北周几朝还能被文帝重用，可见其才名之盛。征伐陈国之战可以说是成年后杨广的一大政治资本，也正是在此战，杨广发现薛道衡不仅仅是诗人，还有经世之才。

战前，高颖曾问薛道衡对此战的看法，"此番举兵，能否克定江东，请君言之。"薛道衡的一番言论让高颖听完之后欣然叹服，说："君言成败，事理分明，吾今豁然矣。本以才学相期，不意筹略乃尔！"

也许正是这些让有野心的杨广想留薛道衡为己用。所以，后来薛道衡因右仆射苏威事株连发配岭南时，镇守扬州的杨广想把他留在晋王府，暗中告诉薛道衡，要他借道扬州，然后他上报文帝让他留下，谁知薛道衡因讨厌杨广的为人，继而听从汉王杨谅的建议，绕道远而避之，可以想象当时杨广的怨愤，二人因此结下梁子。

没多久，薛道衡又被任内史侍郎，这个时候的薛道衡正受隋文帝恩宠，"每作文书，常称文帝意旨"，成了太子和诸王争相与之相交的对象，宰相高颖与他的关系更非一般，加上与杨素向来交厚，诗人不自觉地卷入了政治，终因文帝忌于杨素专擅朝政事

118

被贬。

等到杨广即位，薛道衡从地方上回到京师，谁料没多久，不知道出于什么目的，他居然上了一篇《高祖文皇帝颂》，我们知道，《鱼藻》是《诗经》的一篇，一般认为是借颂周武王来讽刺幽王的，炀帝的意思是说薛道衡借赞美文帝讥讽自己的昏庸，更要命的是，薛道衡在文中还有"长陵寂寞，空见衣冠之逝"这样的话，这不是哪壶不开提哪壶吗？

指责炀帝不去祭祀文帝，心里有愧。前面说过文帝死得蹊跷，具体情况史书有不同记载"杨广使杨素，张衡进药毒死""张衡入，拉帝，血溅御屏，冤痛之声闻于外"。

结合后来因说"薛道衡真为枉死"被炀帝处死的张衡死时说的"我为人作何物事，而望久活"的话，作为直接参与文帝之死的人，这样的话人也只有临死前才会说出，我们知道文帝的死虽不是言之凿凿也绝

隋文帝墓

薛道衡像

非空穴来风，所以薛道衡此文既出，正触及炀帝的痛处，炀帝由是杀心顿起。

不知道是当局者迷，还是薛道衡故意而为之。上书事件后，房彦谦劝他"杜绝宾客，卑辞下气"以避横祸，但薛道衡没有接受他的好意，依然是口无遮拦，这一点他和三国时的杨修颇为相像。

在一次朝廷新的法令久决不下时，他说要是高颖还在世的话，这个新的法令恐怕早就推行了！要知道这个高颖可是炀帝杀的啊，你薛道衡这不是指责我杨广冤杀好人？更何况高颖当初在太子杨勇失宠于独孤皇后，文帝想废太子立杨广时，是力谏不可废太子的，虽然没有像史上著名的叔孙通"以颈血污地"那样死谏刘邦重立太子事，但以高颖宰相之身份还是有一定的影响，后来他也因此惹得皇后大怒被免官，放他回家休息去了"免官就第"。

薛道衡现在提起高颖，隋炀帝当然火起，本来你写《高祖文皇帝颂》时他就憋了一肚子火，现在又提高颖，等于说我杨广昏庸无用啊！

《隋书裴蕴传》载："蕴知帝恶之，乃奏曰：'道衡负才恃旧，有无君之心，见诏书每下，便腹非私议，推恶于国，妄造祸端。论其罪名，似如隐昧，源其情意，深为悖逆。'"有无君之心，这可是不得了的罪名啊！所以他这么一说，炀帝很高兴，一下子就定了他叛逆之罪，真不知道已近古稀的一介文人用什么来叛逆？欲加之罪,何患无辞?

通过以下的例子，或许可以让我们能稍微了解下薛道衡的性格。

南朝齐国的开创者萧道成喜书法，有次他召来国内最有名望的书法家王僧虔,他有意测试下自己书法的水平,身边的人都说他的好,他自己没底,于是就写了一幅字,叫王僧虔也写了一幅。然后问他这两幅字谁写得好。

王僧虔也是个执拗的人，认为自己的好就不愿违心地说皇帝的好!于是他就只笑不语,可你不说话,皇帝不干啊!什么意思嘛?就催问他。到这个时候你再不说可就有欺君之罪啊!

王僧虔灵机一动，说"臣书第一,陛下亦第一"你这样回答不是跟没说一样吗?还是没有比较,皇帝有点不高兴,王僧虔见状赶快说:"君臣不可乱了朝纲,岂能同日而语?臣的书法是臣子中的第一,陛下的书法是帝王中的第一"皇帝听后,这个高兴啊!

可惜,杨广不是萧道成,薛道衡也不是王僧虔!一代奇才,最终死在莫须有的名下。

王僧虔书法

被当间谍处死的江为

　　关于江为这个人,史书记载得很少。即便在百度上,也仅有多少不详的字样。就连《唐诗鉴赏辞典》和《千首唐人绝句》都没有记载,《全唐诗》记载的也只是他的八首诗,元人辛文房的《唐才子传》里略有记载:工于诗,有"天形围泽国,秋色露人家""月寒花露重,江晚水烟微"等脍炙人口的诗句。

　　史书上说他是江淹之后,后避乱徙闽,也就是今天的福建,比照当时南唐的疆域,包括了福建一部分,应属南唐人。后慕隐居在庐山陈贶之名,师事之,在庐山隐居二十载。

　　碰巧当时的南唐中主李璟迁都南昌,顺道游览庐山,看到他写在白鹿寺的"吟登萧寺栴檀阁,醉倚王家玳瑁筵",赞叹不已,江为知道后"由是愈自负,傲睨一时"且生了功名心,于是就去金陵参加科举考却没有考中,为此怏怏不乐,按照李璟建都南昌的时间和江为的被杀,应该是当年就参加了科举考。

　　落第后,他就想到吴越国去碰运气,谁知被当作间谍抓起来了,最终被判死刑,据说当时李煜舍不得杀他,是大臣的坚持才忍痛割爱。只能说江为生不逢时,如果是和平年代绝不至于因去别国而被杀。

当时的南唐可以说是在夹缝中苟延残喘，时赵匡胤兵指长江，南唐中主无奈迁都南昌，留下太子李煜监国，虽然一段时间南唐没有直接被侵犯，但中主被逼除帝号等行为就知道生存的危机感时刻存在。所以说，一点儿风吹草动，就会有着草木皆兵的反应。

从吴越王钱氏父子降宋后的待遇与李煜的悲惨结局来看，当时的吴越国和赵匡胤肯定是有某种约定，所谓远交近攻，处在这样的环境下去吴越国肯定是极不明智的行为，所以说江为死得实在是太冤。

另据《旧五代史》注引《五代史补》记载，江为是给别人写信被牵连才被杀，从孟贯写给江为的送别诗来看，这种可能也存在，江为本属岭南道人。说他是因为有朋友为躲避战火想投奔江南，江为给他写了封信，事发被捕，后被诛。但不管怎样，非常时期的这一举动是极其错误的。

虽然关于江为的记载甚少，但他的诗文却名见于时。临刑前，他面对如血的夕阳，"为临刑，辞色不挠"，且曰："嵇康之将死也，顾日影而弹琴。吾今琴则不暇弹，赋一篇可矣"乃索笔为诗曰："衙鼓侵人急，

赵匡胤像

西倾日欲斜。黄泉无旅店,今夜宿谁家?"

想象下这样的场景,鼓声催命般急促的响起,诗人却颜色不改,根本没想到死之将至,却是可惜没有时间,没能像嵇康那样顾日影而弹琴。面对那西斜的太阳,诗人写下了这首震撼人心的句子,其中的一个"斜"字可能是诗人的特殊的位置所观察到的,但更多的是诗人主观的感受。

同样一个"斜"字,在韦庄的那句"骑马倚斜桥,满楼红袖招"感受到的是诗人的自得,但此刻对我们临刑的诗人来说,一切都已虚幻了,如果诗人就此悲哀,也就不可能写下如此震撼人心的句子"黄泉无旅店,今夜宿谁家?"

面对死亡,这份从容甚至是带了那么一点幽默,真有了一种参透般的浪漫,虽然这种浪漫是无奈是悲哀。然而正是这份淡定,这份幽默让人肃然起敬,面对屠刀能写出如此的诗句,冠绝!

或许,这和诗人隐世多年修炼有关,史载其"有风人之体"。只是不知,对人生有此大悟为什么还要考什劳子功名呢?

南唐后主李煜像

因嫉妒而被杀的王昌龄

在群星灿烂的唐朝诗人群里,有"诗家夫子"之称的王昌龄绝对可以算得上其中最为耀眼的几颗之一。比如《出塞》"秦时明月汉时关,万里长征人未还"还有《闺怨》"悔教夫婿觅封侯"等,他的七绝"妙就妙在全不说出,读未毕而言外目前可思可见矣,然亦终说不出",所谓"昌龄为文,绪微而思清"也。

王昌龄自幼家境贫寒,一生经历坎坷。他于公元 727 年进士及第后,任整理图书典籍的官 7 年,此后又任河南汜水县县尉。739 年被贬谪岭南,740 年还京后,又赴江宁任江宁丞。《旧唐书》说他因"不护细行,屡见贬斥"。他的因不护细行被贬也从侧面告诉我们他的被贬不是因为什么贪赃枉法而只是"不护细行",或许是因为他不事权贵耿言时事得罪权贵,估计像"旗亭画壁"这样的诗坛佳话也会被那些权贵作为不护细行的借口吧!

一次,王昌龄和高适,王之涣三人一起到旗亭小饮,适逢梨园伶官十多人会宴,席间,有四名美貌歌妓演唱,唱词都是当时著名诗人的作品。三人私下相约说:我们三人的诗名常常分不出高低,现在且看这些歌妓演唱,"若诗人歌词之多者,则为优"。

结果，第一人唱的是王昌龄的诗，第二人唱的是高适的诗，第三人唱的还是王昌龄的诗。

对这些聒噪之音他也懒得计较，虽"犹畏谗口疾"，但"弃之如埃尘"。在写给好友辛渐的诗中安慰自己的亲友，同时也是为了表白他的心迹发出"洛阳亲友如相问，一片冰心在玉壶"之感，直是一片孤光自照，肝胆皆冰雪之心。

755 年安史之乱爆发，756 年，59 岁的王昌龄辗转回老家途中，为避世乱他来到了濠州，却被刺史闾丘晓不明不白、随随便便杀掉了。

闾丘晓为什么要杀害王昌龄？他一介刺史，不过是州县级长官，又凭什么杀掉同是朝廷命官的王昌龄？史书记载甚少，留下千古之谜。但元人辛文房《唐才子传》卷二"王昌龄"名下，有一句发人深思的话："以刀火之际归乡里，为刺史闾丘晓所忌而杀"。

许多史学家认为"忌而杀"三字，道出了王昌龄的死因。有人揣测是王昌龄触犯了闾丘晓的"禁忌"。更多的观点和说法是闾丘晓嫉妒王昌龄的诗才与名气，他认为在当时天下大乱之际，可以为所欲为：王昌龄只是一被贬谪小官吏，朝廷自顾不暇，还有谁来问津他的死活？于是悲剧发生了，一代诗杰人头落地。

然而天网恢恢，疏而不漏。草菅人命的闾丘晓岂能例外？王昌龄冤死后不久，时任宰相兼河南节度使的张镐，就为他报了仇。

史书记载，公元 757 年，张镐奉命平定"安史之乱"。这年秋天，为解宋州之围，令亳州刺史闾丘晓率兵救援。为人傲慢、刚愎自用的闾丘晓，看不起布衣出身的张镐，更怕仗打败了"祸及于己"，于是故意拖延时间，按兵不动，致使贻误战机，宋州陷落。张

历史的天空

历史上的囚人囚事

镐以贻误军机罪,处死闾丘晓。

在行刑时,闾丘晓露出一幅可怜相,乞求张镐放他一条生路说:我家有老母需要赡养。张镐不愧是宰相之材,一句话就把闾丘晓挡了回去:王昌龄的母亲又由谁来养呢？闾丘晓闻听此言,便默然无语了。

张镐的话中,可以知道王昌龄冤死之事张镐早有所闻,他对闾丘晓手中有权就滥杀无辜早就愤愤不平。王昌龄死时不到60岁,如未被害,定有不少新诗佳作问世。后世人痛恨闾丘晓扼杀了诗人生命,也毁灭了更多传诵千古的名篇。

一代诗杰就这样横死,实在是让人痛哉惜哉！若是假以其天年,不知道"与太白争胜毫厘",有"七绝圣手"之称的他还会留给我们多少美妙的诗句！

王昌龄故居

文人中的怪咖徐文长

徐文长自幼聪慧，文思敏捷。虽然出生"低卑"，却乖巧懂事。当兄嫂徐氏病逝时，他刚满四岁，便能站于大人的身边，施礼迎送吊唁宾客。他6岁入私学，读书过目不忘；8岁学作八股文，一天能写出几篇小文章，被老师称赞是神童。后当徐渭写出《雪词》赋，而轰动绍兴城时，他才年满13岁。

徐文长参加过嘉靖年间东南沿海的抗倭斗争和反对权奸严嵩，一生遭遇十分坎坷，可谓"落魄人间"。但牛掰的是，人家落魄不落价。徐文长平素生活狂放，对权势不谄媚。

徐文长的受冷落其中有一大半要怪绍兴的名人实在太多，以致徐文长这么一个惊世骇俗、特立独行的奇人，其光芒也被知名度更高的人所掩盖。

这个世界注定有那么一些人，会不按常理出牌，由着自己性子想出哪张就出哪张。徐文长就是这么个怪人。他一辈子没得过志，一个乡试考了八次都没中。空有满腹奇才，一腔抱负，无处施展。

这个不成器的狂人，后来好不容易被兵部侍郎兼金都御史胡宗宪看中，兴冲冲地跑去当了个幕僚，其实也就是个绍兴师爷。先参与了东海抗倭斗争的策划,整了个开门红,接着又给胡老板起草了《献白鹿表》呈上去,明世宗龙颜大悦。可骄傲劲儿还没过,胡老板就被弹劾成严嵩的同党,抓监入狱后一时想不开自杀了。可依靠的后台没了,文长先生只得下岗回家,一肚子愤世嫉俗,便自己和自己较上了劲,一下子精神失常了。

徐文长经常干的一件事是,拿个大斧猛砍自己的脑袋瓜,不砍到听见碎骨头乱响不算完。要不就用一长锥子往两个耳朵里扎,一扎就扎进一寸来深。更过分的是,他没事儿老拿个大棒槌狠敲自己的下身。

从出狱到去世的十九年里,苍老贫穷的徐文长孤独地生活在两间破败的老屋里,只有一条狗和他相依为命,还有窗外不语的老藤和兰草。1593 年,老天爷彻底解脱了徐文长,把这个愤怒凄凉的灵魂带离了人间,走时,他全身浮肿,床上是脏旧的被褥,身上只裹了两把干枯的稻草。

可就这么个疯子,这么个当年经常蓬头乱发"忍饥月下独徘徊"的另类祖师爷,身后竟有无数"大腕"顶礼膜拜:"八大山人"朱耷比较内向,爱也爱得深沉,把徐文长的画当红宝书,一声不吭闷头猛学。

郑板桥更是痛快人,直接高喊:"愿为青藤门下走狗!"喊了还不算

徐文长故居

徐文长故居

完，又刻一章，画到哪儿按到哪儿。

汤显祖看见徐文长写的杂剧《四声猿》，又佩服又嫉妒，大叫一声："安得生致徐文长，自拔其舌!"这都为什么呢?因为这老疯子实在太有才了!

他创新的水墨花卉大写意画作，他书写的重骨不重形的力透纸背的书法，在当时少人问津，后人却趋之若鹜。他在临死当年，他竟将自编的年谱称名为"畸谱"，这股疯劲也为后来者所臣服。

徐文长还好酒，喝多了就开骂，可又不光只会骂，一甩手就写了个《酒史》。不喝酒的时候他还爱思考个地方政治经济的改革方案什么的，随便一涂抹，就出了本《会稽县志》。

有人这样评价，不懂画，不懂各种笔法和讲究，却可以被徐文长的书画打动，从那墨迹中感受到一种气韵、从那题词中读出一种情感。他把全身心的痛苦、无奈、挣扎、痴狂在画卷中燃烧，将一切悲愤与哀鸣借助于笔墨痛呼。

晚年的徐文长变得特别厌恶权贵与富商之人。当官的来求画，连一个字也难以得到。在当世凡前来求画者，须值徐文长经济匮乏时，这时若有上门求画者投以金帛，顷刻即能得之。若赶在他囊中未缺钱，那么你就是给的再多，也难得一画，实在是一位性情中人。

徐文长曾也风趣地自嘲是"数点梅花换米翁"。时人对此有过生动的描述。是讲徐文长所卖出的书画作品够饭钱即可，而不再多收。他对富贵之人的吃请一概不去，而当平民百姓的朋友或邻居邀饮酒，则是不醉不归！

有时徐文长还不请自到平民家中，如鸥鸟睡在茶几上，小猪般吃东西，若大声直呼其名，他便酒喝得更加痛快，显得是格外的天真洒脱。遇到徐文长高兴时，即便是调皮小孩或穷歌女，也无论是屠夫或菜贩子，若带上一盆猪血牛杂，或者一提田螺虾蟹，到他家里去敲门做饭，然后对他叫拍要挟，则可要诗得诗，要文得文，要字得字！从上可以了解到晚年徐文长可爱的平民性格，及其给人狂怪刚直的印象。

徐文长像

和梵·高一样，徐文长在生前无人理解、无人陪伴，受尽了磨难、尝尽人间悲苦，却在身后得到了无数人的顶礼膜拜与追随。他的生命依旧在延续，他的灵魂，也将借由他的作品得到永生。

因泄秘被炒的李白

　　唐代大诗人李白才高八斗，壮志凌云，要么当高官做大事，不然就从道参禅，浪迹山水。由是，不少人都认为李白从政是一步登天，没有参加过当时比较完备的科举考试，却能一登"龙门"可以说是个奇迹。

　　当然，这都是他成名后的总结，但在他扬名立万前，也颇受一番挫折的。

　　唐朝开元二十二年，34岁的李白从湖北安陆来到襄阳，前一年还在安陆的桃花岩当宅男，一边读书，一边耕地，但宅男当不下去，还是想找份工作。傲气的李白不想参加任何形式的考试，他想要用人单位主动请他，但这请也得有人推荐。在唐朝，找一个有分量的人给你写一封推荐信，也是找工作的途径之一。找谁呢？这个人就是襄阳的父母官韩朝宗，人称"韩荆州"，凡是他推荐的人采用率高，都能找到好工作，李白于是写了封求职信。

　　想要介绍人乐意推荐你，你得说些让他高兴的话，将对方摆到一个很高的位置上。李白懂这一套，信的开头就是这样的风格，用现在的话说就是：尊敬的韩老前辈，我听说江湖上流传一句话：如果在封万户侯与认识韩老前辈之间选择，那么我们宁可选后者。

李白把韩老抬高到了周公的位置上，让他下不来了，然后用仰视的姿态说：韩老啊，我小李就像那盘在谷底的龙，想要行情攀升，还得靠前辈您给个好评，劳您"收名定价"。

李白很怕没面试机会，于是先打预防针：韩老，先拜托您件事，我只是一个穷小子，您可千万别拿您的富贵来鄙视我的贫贱。套完近乎，李白主动要求面试，除了面试还要求笔试，并且自己给自己规定了字数：万言，自己给自己规定了交卷时间：倚马可待。韩老您是决定文章命运和人才命运的重量级人物，您老可千万不要因为吝啬您办公室门口那几平方尺的地，从而耽误了我小白的"扬眉吐气，激昂青云"。这分明在敲打韩老：错过了我这样的天才，后果请自负。

李白这封求职信写得才华横溢、牛气冲天，不过，结果只有一个：没找着工作，连面试机会也没有。原因就是，李白同学还是个穷小子，尽管他的才华确实高，但在没有显示出来之前，韩老是不会买他的账的，至于他被李白摆到周公的位置，他也已经习以为常了，不会格外感动。可见，求职信切忌用力过猛。

李白塑像

但这只是成名前的一段不愉快的小插曲。受宠的那一段我们也先忽略不计,接下来我们说说李白被炒的事件。

天宝元年八月,唐玄宗下令征召李白进京。虽然玄宗并没有给李白安排什么官职,只是让他待诏翰林,但是,这个临时候补的身份,却让李白有了接近玄宗、接近杨贵妃的机会。

李白进入宫廷之后,的确也是一位出色的"供奉翰林"。被任命为翰林供奉的当年十月,玄宗携杨贵妃往骊山温泉宫,李白奉命随侍并且写了《侍从游宿温泉宫》等诗。

天宝二年初春,宫中行乐,玄宗亲自作曲,想要以新词入曲,于是急召李白。当时李白正在酒店里喝得烂醉,但是,被抬进宫中,凉水泼面之后,他顷刻之间就写了十余首诗——其中八首保留到今天。

暮春,玄宗跟杨贵妃在兴庆宫沉香亭前观赏牡丹,一时兴起,命李白创作新词,李白也是沉醉之中一口气就写了三首诗,专门歌咏杨贵妃的美貌:"云想衣裳花想容,春风拂槛露华浓""借问汉宫谁得似? 可怜飞燕倚新妆""解释春风无限恨,沉香亭北倚阑干",写出了杨贵妃的美艳神韵,每一首诗都堪称名作。

按理说,玄宗李隆基让谁卷铺盖,也不应该让李白走人。那么,其中的原因是什么呢?

《新唐书》本传说是李白自己恳求退出朝廷回到家乡的,"恳求还山,帝赐金放还"。这当然是有缘故的,即李白"自知不为亲近所容",也就是说,皇帝身边的人已经很讨厌李白,不可能容忍他继续待在皇帝身边,待在朝廷了。换言之,李白有可能是得罪了玄宗李隆基身边的人,例如杨贵妃,例如高力士。

一般权贵排斥李白的说法,不太可信。李白担任翰林供奉期

历史的天空

历史上的囧人囧事

间,未见有任何政治上的企图和行动,他的地位根本不足以跟权贵叫板,不可能妨碍任何当政者的利益。

天宝初年的李隆基,还是能够掌控朝政的。因此,李白的离开朝廷、离开长安,最重要的原因都是玄宗不再喜欢李白。

范传正说李白"乘醉出入省中,不能不言温室树",清人王琦怀疑李白"曾醉中泄漏禁中事机,明皇因是疏之"。本来,玄宗召李白进宫是为了点缀文采,孰料李白是一个贪杯嗜酒、口没遮拦的主儿,这当然使玄宗大失所望,大为不满。李白原本有意模仿汉朝的东方朔,但实际上他做不到东方朔那样超脱飘逸。

《玉壶吟》一诗中"世人不识东方朔,大隐金门是谪仙。西施宜笑复宜颦,丑女效之徒累身"四句,就透露了李白承认自己由于没有学到东方朔隐藏真实心迹、滑稽调笑周旋于帝王身边的本事因而弄巧成拙的意思。

李白有较强的自尊心,言语之间难免有锋芒,他常常醉酒,难以做到守口如瓶,他不甘心于只扮演"俳优"角色。这些,应该就是李白被唐玄宗炒了鱿鱼的主要原因。

李白塑像

古代文人跨行成精英

　　古代文人的身份不仅仅一种，他们也喜欢玩跨界，谁说隔行如隔山，对他们来说往往换一种活法要不可着一棵树上吊强得多。

　　咱们先从做豆腐乳的王致和说起，王致和是清康熙八年进京赶的考，一心想金榜题名，但却名落孙山。本想在京攻读，准备再次应试，可距下科试期甚远，且自己的盘缠皆无。无奈之下，便想在京城暂谋生计。

　　王致和的父亲是个开豆腐坊的，他自幼便跟着父亲学过做豆腐，于是向几位同乡借了点钱，在安徽会馆附近租赁了两间房，购置了些简单用具，开起了豆腐作坊。他每天做几屉豆腐，沿街叫卖。到了夏季，有时卖剩下的豆腐很快发霉，无法食用，但又不甘心废弃。于是将这些豆腐切成小块，稍加晾晒和盐腌后用缸储存起来，之后歇伏停业。

　　三伏之后，他打开那缸腌制的豆腐，一股臭气扑鼻而来，取出一看，豆腐已呈青灰色，用口尝试，觉得臭味之余却蕴藏着一股浓郁的香气，虽非美味佳肴，却也耐人寻味，送给邻里品尝，都称赞不已。此后他逐渐摸索出一套臭豆腐的制作工艺，质量更好，名声更高，买卖更加兴隆。至康熙十七年，王致和在南城前门外延寿寺街路新建作坊，立招牌"王致和南酱园"，由此臭豆腐生意越做越大，代代相传。

王致和豆腐乳

这么一想来，王致和还真要感谢那个没录取他的人，不然，不白瞎了这么好的手艺了么？

还有那个全聚德的创始人杨寿山，父母省吃俭用供他读书，希望他将来能考取功名。清道光年间杨寿山曾两次参加乡试，但两次都名落孙山。没有办法，他只好放弃学业来到北京谋生。

北京烤鸭

他最初受雇于人，以放鸭为生，后来凑了点钱做起小买卖。干了几年卖鸡鸭的生意，买卖很兴旺。同治三年，他以多年积蓄买下肉市胡同一家倒闭的杂货门店，稍加修缮后，开始经营烤鸭子和烤炉肉，并取"以全聚德，财源茂盛"之意得名"全聚德"。

他在清宫御膳房一位烧鸭师傅的帮助下，不断改进烤制技艺，最终制作成功了以鸭皮酥脆、外焦里嫩、肥而不腻为特色的挂炉烤鸭，俗称"北京烤鸭"。从此，全聚德门前车水马龙，生意兴

隆,名扬京城。

常用墨的人都知道"一得阁"的创办人谢崧岱,进京赶考几次,都名落孙山,于是他放弃仕途之路,另走谋生之道。

他在参加乡试、会试时看到,凡是应试之人,都是现磨墨。有时试卷还没答完,砚台里的墨已干,还得停下笔再磨墨,因此浪费了答卷的时间。自己落榜的原因也是如此。如果能够制造出一种墨汁直接用于书写,既省时又省力,不是"一艺足供天下用"吗?

于是他潜心研究,选用油烟,再加上其他辅料,制成了同墨块效果相同的墨汁,然后将做出的墨汁装入小容器里出售。每逢开科场,各省举人进京应试时,他就带着墨汁到各省会馆举人的驻地去推销,生意很好。

同治四年,谢崧岱在琉璃厂开设了一家生产经营墨汁的店铺,并写了一副对子:"一艺足供天下用,得法多自古人书",贴在门前,随后取对子的字头,遂名"一得阁"。由于一得阁的墨具有浓度高、色泽深、墨迹光亮、写后易干、适宜拓裱等特点,颇受文人墨客的青睐,行销京城,遂有"戴月轩的笔,一得阁的墨"之说。

大家都知道杜甫是古代著名的诗人,但一定不知道他还是善于烹饪的高手。杜甫晚年在成都逗留期间,正逢"安史之乱",眼看一时不能重返中原,只好在成都浣花溪畔建起一座简陋的草堂,其实就是一间茅草屋安顿下来。

高兴的时候,他会邀几个朋友来草堂吟诗作赋。到了中午,拿什么来款待自己的客人呢?正好家人从门前的浣花溪里逮住一条大鱼进来,杜甫心想,今天就请大家品尝这条鱼吧!

杜甫接过鱼,吩咐家人去打酒,想亲手来烹制。朋友们见他要亲自下厨做鱼，不觉惊呼道："堂堂杜大诗人还会烹鱼，真乃天下奇事矣！"

于是他便别出心裁取来姜、葱、泡辣椒、离笋、冬笋，分别将之切成细条，犹如柳丝，待鱼蒸熟后均匀撒上，又将甜面酱调成汁烧热后浇在鱼上。做好后，客人便争着伸筷品尝，只觉味道鲜美，不禁异口同声大为赞叹，还纷纷好奇地问杜甫："此鱼名何？"杜甫双手一摊呵呵大笑，于是大家嚷着要为其起个好名字。杜甫沉吟道："这样吧，陶渊明是我敬佩的先哲，吾素慕'五柳先生'之人品，此鱼覆有五种青丝，均似柳叶，不妨就叫'五柳鱼'吧！"

一传十、十传百，逐渐成了成都坊间的一道名菜。如今的川菜厨师在古老传说的基础上传承发展，施以精湛刀技，又增添火腿、鸡肉、香菇等辅料，制成著名的"白汁五柳鱼"，被视为川菜一绝。

杜甫草堂

文人给盗贼写诗的无奈

中国古典诗词博大精深包罗万象，几乎写尽了人世间的所有情感与现象，甚至在写给盗贼的诗词中也不乏精品。

晚唐太和年间，著名诗人、官居太学博士李涉路经九江，傍晚船停泊皖口江边。忽遇一伙盗贼，厉声盘问："船上何人？"

李涉的随从应声道："诗人李博士。"那盗贼首领闻

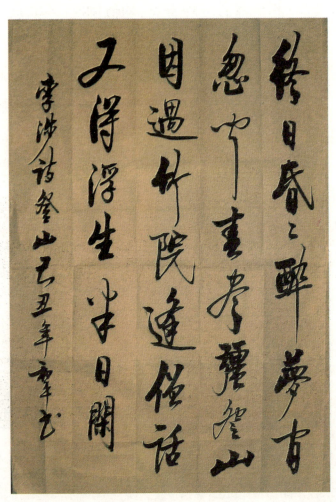

李涉诗

声,忙令手下收起利器,并和颜悦色地向李涉的随从拱手道:"果真是李涉博士,不用剽夺了。久闻李博士诗名,但愿求得赠诗一首就心满意足了。"这时李涉踱步走出舱外,笑道:"想不到'绿林豪客'竟是风雅之士,难得,难得。"

说罢,即兴赋诗七绝一首以赠,题为《井栏砂宿遇夜客》。其诗云:"春雨潇潇江上村,绿林豪客夜知闻。他时不用逃名姓,世上如今半是君。""夜客"获赠诗大喜,道一声:"后会有期!"即率众贼乘小船飞快离去。

李涉"赠盗诗"寥寥 28 字,竟戏剧性地化险为夷,转危为安。"不用逃名姓"与"豪客夜知闻"相呼应。其意是说,我本意想隐居避世,看来没有必要了。并用诙谐的口吻说,更何况"世上如今半是君"呢。

清代著名书画家、诗人、"扬州八怪"之一的郑燮,字克柔,号板桥,历任山东范县知县兼摄朝城县事,后调任潍县知县,因荒年请赈救民而获罪,辞官回家。

有一天,天冷夜黑,又下着濛濛细雨。郑板桥辗转不能入睡,忽闻有盗贼光顾。他想人家以为我辞官回家,肯定有金银财宝,哪知我是穷县令,清贫如洗。我得事先给他打个"招呼"。于是斜躺着身子即口吟道:"细雨蒙蒙夜沉沉,梁上君子进我门。腹内诗书有千卷,床头金银无半文。"

那盗贼闻声暗暗吃惊,转身想越矮墙溜走。这时,又听到里面传来的吟诗声:"出门休惊黄尾犬,越墙莫损兰花盆。"

盗贼一听,竟有恶犬防盗,如碰掉墙上兰花盆弄出响声,岂不惹出麻烦,于是小心翼翼地侧身避开兰花盆。刚一跳出墙外,又传来了板桥吟诗声:"天寒不及披衣送,趁着月亮赶豪门。"

那盗贼侧身细听，原来是"送客"，不禁"扑哧"一笑，白忙乎半夜，赶紧溜之大吉。

晚清诗人王彦卿，满腹才华，但时运不佳，屡次应试，都榜上无名。家里除了数千卷旧书外，别无值钱的东西。有一寒夜，月色昏暗，冷风刺骨，

苏州风光

一盗贼撬门而入，意欲盗窃，这时彦卿尚未入睡，便即兴苦吟七绝一首以赠"夜客"。其诗云："风寒月昏夜迢迢，空劳君子走一遭。家有旧书数千卷，拣些带回教儿曹。"

前两句是穷酸的自白，让"夜客"白辛劳一趟，实在不好意思；后两句是家里只有数千卷不值钱的旧书，你从中拣些带回家教你的孩子们吧！那"夜客"怎么会对旧书感兴趣呢？于是就悄然离去。

苏州有个老儒生叫沈文卿，家里很清寒。一天，他专心读书至半夜，忽而瞥见小偷进屋偷东西，又没偷到什么，就慢吞吞招呼道："承蒙光临，送你一首诗怎么样？"于是即兴拈来朗声道："风寒月黑夜迢迢，辜负劳心此一遭。只有破书三五册，也堪将去教儿曹。"小偷听了，苦笑着离去。

名节不保的钱谦益

钱谦益成名甚早，15 岁时他就写出了《留侯论》，大谈神奇灵怪，气势纵横，令人惊叹。

钱谦益有出色的文才，是著名的学者、诗坛领袖，被誉为"江左三大家"之一，开创了有清一代诗风，当时人称"前后七子而后，诗派即衰微矣，牧斋宗伯起而振之，而诗家翕然宗之，天下靡然从风，一归于正。其学之淹博、气之雄厚，诚足以囊括诸家，包罗万象；其诗清而绮，和而壮，感叹而不促狭，论事广肆而不诽排，洵大雅元音，诗人之冠冕也！"

正是从钱谦益开始，明诗告退，清诗方滋，出现了诗歌历史的新纪元。钱谦益

钱谦益像

143

有许多优秀的诗作流芳百世。作为文章大家，钱谦益名扬四海，号称"当代文章伯"，在明清之际的文坛上，人们仰之若泰山北斗。他的主要著作有《初学集》、《有学集》、《杜诗注》、《投笔集》等。

按理说，有如此高的名气，钱谦益应该学学陶源明去采采菊花，消遣一下，可是他不，他热情高昂地要入仕，坦言："我本爱官人"。万历三十八年钱谦益中进士，授翰林院编修。但其仕途坎坷，三起三落，旋进旋退。

如果在这种坎坷中他及时醒悟过来，不削尖了脑袋往仕途上钻，也许不会闹出后来的笑话。清兵入关时，势如破竹，很快逼近南京城。尚留在南京城内的明朝大臣们，除了以死相抵抗或逃命而生，那么就是出降而荣了。

此时写钱谦益，必然需要提及一个人，那就是他的爱妾柳如是。

柳如是明清易代之际的著名歌妓与才女。由于她美艳绝代，才气过人，被列为"秦淮八艳"之首。柳如是个性坚强，为人正直，有着强烈的爱国民族气节，在明王朝面临危难之际，她尽全力资助和慰劳抗清义军，为反清将士呐喊助威。

柳如是与钱谦益的相识是在

柳如是墓

崇祯十一年的初冬，当时56岁已经是礼部侍郎的钱谦益，因贿赂上司之事被揭露，被朝廷免去了官职，贬回原籍常熟。在南归途经杭州时，前往西湖荡舟闲游，恰逢20岁的柳如是也客居杭州，在草衣道人的撮合下，两人相识了。

59岁的钱谦益于一个阳光明媚的夏天，将23岁的柳如是娶进了家门。他们的婚礼办的简单而别致。这对老夫少妻也像现在的年轻人一样，举行的是"旅行结婚"，他们相携着出游了名山秀水。之后，在西湖畔修筑了一座五楹二层的"绛云楼"，夫妻俩安居其中。

在明末清初的政治舞台上，钱谦益虽三起三落，但也算是个有些影响力的人。又因为他曾经参与了东林党人反对魏忠贤阉党的活动，被视为士林领袖之一，因此在众人眼里德高望重，被认为一定会和明朝共存亡，绝不会苟且偷生。

后来，还加上钱谦益的爱妾柳如是的劝说和支持。在明朝眼看就保不住的时候，钱谦益对外高调声言欲效法屈原，投水自尽，并率领家人至常熟尚湖。可是，从日上三竿磨蹭到夕阳西下，钱谦益都在岸上走，连鞋都没湿一下。倒是他的小妾柳如是忍不住纵身一跃，跳进了常熟尚湖，虽后来被人救起，但人家是真的舍得为国捐躯。钱谦益呢？他凝视西山的风景去了，末了，探手摸摸湖水，说："水太凉了，怎么办呢？"

自己不肯殉国主动出城投降也就罢了，可他还写信对朋友劝降，带头剃头示众，可是，钱谦益降清以后并没有得到信任和重用。顺治三年正月，他被授予秘书院学士兼礼部右侍郎，充修《明史》副总裁，实际上，这一官职在清廷不过是个用来装饰门面的闲职而已。

"入仕"梦的又一次破灭使钱谦益只能于同年五月托病辞归，即便如此，厄运仍然追随着他。清廷不久即借故两次将其投入监狱，甚至在他死后也不放过奚落他，乾隆帝坚决将其列为《明史·贰臣传》之首，还专门写诗挖苦他，同时又下令销毁钱谦益所著的《初学集》、《有学集》等一百多种著作，甚至凡有钱谦益的序文或列名校勘之书，都在禁止之列。

　　被人指责大节有亏时，钱谦益竟把责任全推给了小妾柳如是："我本欲殉国，奈小妾不与可？"引得大学者陈寅恪不辞辛苦，专门写了四十多万字的《柳如是别传》痛斥钱谦益。

　　不仅在当初处境尴尬，死后还被后人指责是个大节有亏的"贰臣"，实在都亏在一个"仕"字而已。

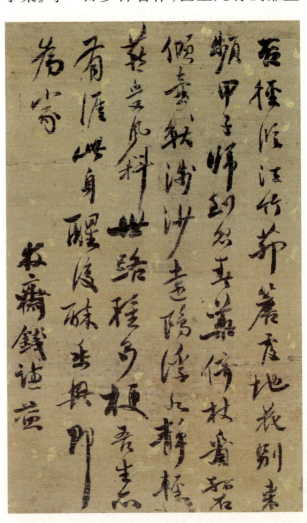

钱谦益书法

有恐高症的文人们

何为恐高症，恐高症又称畏高症。恐高的基本症状就是眩晕、恶心、食欲不振。假如你站在悬崖边上，你会感到随时都有可能坠落深渊，从而提醒自己停下脚步向后退。这份恐惧是人类得以繁衍的重要心理保障。因为，从进化心理学看，只有那些懂得远离悬崖峭壁的人，才能远离危险。

文人也是人。文人与恐高症，看似风马牛不相及，实际上却有着不少潜在的联系。

譬如文人大都感性而浪漫，此等人格气质的人，多敏于感受，怨抑悱恻，同时也欠缺解决自身困境的能力。据国外的调查资料现实，现代都市人中有91%的人出现过恐高症状，其中10%属临床性恐高。他们每时每刻都得想方设法避免恐高症"突发"，他们不敢乘透明电梯，更不敢站在阳台上，他们连4楼的高度也受不了，更不用说坐飞机了。

根本原因是人的感知能力出现了偏差、误判了实际高度所导致。换言之，个性率真、书生意气的文人有恐高症的几率更大。另外，文人崇尚"读万卷书、行万里路"，喜欢登临望远，寻访名山古刹，以广胸中丘壑，登高的机会比较多，若有恐高症的毛病，也更易于暴露出来。

唐代韩愈曾携友人同登华山，上山之时并未觉得恐慌，等到了山巅，发现四周险峻异常，望去令人头晕目眩，这才知道问题严重。惊恐万分的韩愈认为自己这一辈子就要被困在华山上了，当即情绪崩溃，发狂般号哭，并且写信与家人诀别，陪客仆从怎么劝阻都无济于事。事情被报到华阴县衙，县令派人花了好大的力气，才把韩愈从山上救下来。这段经历，也成为了韩愈人生当中常被他人借以取笑的一段糗事。

苏轼也有恐高症。宋人《高斋漫录》载，苏轼初入仕途，任陕西凤翔府节度判官，与商州令章惇相得甚欢，两人曾同游仙游潭。在一处崖谷，章惇让苏轼走到对岸的山壁上留字。苏轼看到只有一根木头横跨在崖谷两头，脚下就是峻峭矗立的万仞绝壁，深不可测，不由股栗，推辞不敢过。

而章惇很从容地从独木桥上走过去，又用绳子套在树上，然后顺着绳索攀爬到山壁处，用笔蘸漆墨在石壁上写："章惇苏轼来游！"又沿原路返回，神色不变。苏轼很羡慕章惇的胆识，就攀着章惇的肩头说："你必能杀人！"章惇问原因，苏轼说："能拼命的人也必能杀人。"两人一同大笑。

清代经史学家毕沅，在任

韩愈塑像

历史的天空

历史上的囧人囧事

苏轼塑像

陕西巡抚的时候，也曾率幕僚登华山。在令当年韩愈贻羞的苍龙岭，毕沅也遇到了同样的麻烦。他极目四望，只见四周群山低伏，辽远而无边际，不由得心悸神慌，当众号啕大哭，而且也像韩愈一样给家人写信诀别，自谓此生就要死在山上了。

同游之人都劝他，你只要下山时眼睛不看两旁，就可从容而下。但是不管怎么劝说，毕沅就是不敢下山。这可急坏了各级地方官员，最后众人商议，想出了一个办法，让毕沅喝酒至烂醉，待不省人事后，用毯子把他捆扎起来，一路用绳索垂吊下山。毕沅后来还专门筹了一笔款，用于拓宽登苍龙岭的山路。

或许文人个人意识中的轻柔、细密的一面，使得他们的人生态度无法像常人一般稳健淡泊，在遇到险境时，很容易带有浓重的个人感官色彩，这也使得他们在面对恐高的时候，显得尤为夸张。

爱赌博的龚自珍

中国的赌博文化源远流长，几千年来，历朝历代，上至王侯将相，下到平民百姓，热衷于此道者不可胜数，就连自命清高的文人士大夫之流也往往难以免俗。

魏晋风度，始终为后来文人雅士所钦羡，就连赌博，魏晋名士们也表现出了后人所不能的潇洒倜傥，谢安便是一例。大敌当前，尤能静心豪赌，而且赢了平日里棋技高于自己的谢玄，既已赢了别墅，却又随手送人，可见其"士族风度"。

大唐盛世，连大诗人李白与杜甫都十分欣赏刘毅那种"家无儋石输百万"的胆略和气概。到了宋朝，宋、辽、金各个朝廷都颁布有相应的禁赌律令，但赌博之风不但禁而不止，反而更加昌盛起来，原因是各处皇帝均有喜好赌博的，上行下效，法律也就成了一纸空文。

晚清文人龚自珍，以《乙亥杂诗》闻名于世。论才情，像他这样的名士早该"学而优则仕"了。然而造化弄人，尽管龚自珍致力仕途，可一辈子也就是个从七品京官，而且是个闲职。

道光九年，38岁的龚自珍经过第六次会试，终于考中进士。在殿试对策中，他仿效王安石从施政、用人、治水、治边等方面提出了改革主张,阅卷考官均为他的才情所折服。然而,主持殿试的大学士曹振镛是个有名的"多磕头、少说话"的三朝"不倒翁",他以龚自珍的楷书写得不好为由。坚决不录用。

这让龚自珍的内心十分郁闷和痛苦——不得志!个性遂变得豪放不羁。仕途无望则纵情声色犬马,这是一些文人的通病,也是他们麻痹自己的解脱之道。龚自珍也不例外。因为声名显赫,经常作为嘉宾参加一些聚会,他随波逐流,逐渐养成了滥赌的习惯。

有一天,扬州某盐商家大开宴会,名士巨贾都到了。酒足饭饱,大家便在屋后花圃中作樗蒲戏,这其实是一种赌博游戏,有点像现在的掷骰子定输赢。

龚自珍囊中羞涩,只得避开大家的高声喧哗,假意在池塘边赏花。有王生后来,仰慕龚自珍的声名,见他在一边"扶花弄月",就赞许他品行高洁。谁知,龚自珍却说,通过计算,自己今天一定会赢钱。可惜兜里没有本钱上阵,落得英雄无用武之地。要

龚自珍塑像

是有人借他本钱，一定能够满载而归。

王生本是富商，又是龚自珍的粉丝，于是慷慨解囊赠之，一起入局参赌。龚自珍每局都参加，结果却连连败北，三五局下来，已经输得精光。龚自珍非常尴尬，只得悻悻而去。但此次惨败丝毫没有阻挡他那颗赌博的心。

老龚是个很好玩的人，三教九流，都相交往，聚在一块，嚷嚷叫叫：来来来，来一盘；吆吆喝喝喊人：快快快，三缺一；吃饭前、上班前等等零余时分，常是抓紧时间，来个"经济半小时"；大假日、大节日等大段时光，更是连续作战，彻夜彻日做"十日谈"。赌起来轻易不下火线，每次不把兜里银子输得个精光，他就不会散场，不会撤出战斗；赚得的工资、稿费，大半送了赌桌。

老龚在京做官时，曾经收藏过一个宝贝，是赵飞燕的一方玉印，汉代流传下来的，单是"出汉宫"，就价值连城，况且它"玉印径寸厚五分，洁白如脂"，更何况它是赵飞燕用过的宝贝。

老龚谋得此物，那是花了大价钱的，他以一块宋拓娄寿碑，外加"五百金"，抱得"赵飞燕"入怀而归，爱它不得了，日日搂着睡，呼为"宝燕"，可是老龚爱宝燕，更爱赌博，"未几，因博丧其资斧，又质之人矣。"

老龚是个赌鬼，每赌必输，但这不妨碍他成为博弈学家，反之亦通，因为他是博弈学家，所以每赌必输。水里淹死的都是水手嘛。"定庵生平最嗜赌，尤爱摇摊（即押宝）"，他压起宝，都是理论，一套一套的，每压一注，首先说一通所以然，先给自己与别人上堂赌博课，然后下注，结果呢，依旧每战每败，每败每战，鞠躬尽赌，输而不已。

老龚不是赌家，是一个赌博学家，他是天天都在研究赌博

的。他有事没事，都要对赌博进行研究，"其帐顶满画一二三四等字数，无事则卧于床，仰观帐顶以研究其消长之机。"他是思想家嘛，研究是他之所长，不就是一二三四五六七么？思想大家来研究起这么简单的数学，小菜一碟！所以老龚非常自负，他说他对这个押宝，比他弄文学还精通，"自谓能以数学占卢雉赢输之来复"，什么时候一定赢，什么时候肯定输，下哪个数字当然赢，赌哪个数字绝对输，老龚说他了然于胸，指掌一招，一算一个准。

　　有人见老龚每赌都先是高谈阔论，就笑问一句："何以屡负？"老龚解之曰："有人才抱马班，学通郑孔，入场不中，其魁星不照应也；如予之精于博，其如财神照应者何？"读书士子才高八斗的，中不了举，文曲星不照应他嘛；赌博学家计精胜神的，博弈老输，是财神不关心我嘛。

龚自珍纪念馆

"压力山大"的范仲淹

范仲淹是北宋著名的政治家、文学家、军事家。他"先天下之忧而忧,后天下之乐而乐"的情操,不仅成为范姓族人的家训,更成为中华民族的精神财富。他被朱熹称为"有史以来天地间第一流的人物"。

然而,范仲淹的命运多舛,小小年纪就死了父亲,母亲贫苦没有依靠,就改嫁给了常山的朱家。范仲淹长大后,知道了他自己的家事,感动流涕,辞别母亲,到南都进学舍念书。他昼夜不分刻苦学习,五年中都没有脱衣睡觉。有时候晚上昏昏欲睡,就用水洗脸。他常常早晨不吃东西,到日落时才开始吃饭,于是精通了六经的主旨,慷慨激昂立下了造福天下的志向。

现在,让我们还原那段历史,回顾他所经历的不幸与幸。

宋真宗祥符四年,1011 年,山东淄州长山县,朱家大院。一群朱姓子弟在争吵。争吵的焦点在于用度问题,一个面目轮廓长得较柔和的年轻人,他叫朱说,23 岁,以深深的焦虑对弟兄们说:"咱爸攒下这点家业不易,兄弟们不要浪费。"这样的话已经不止一次从他口中出来了,谎言重复一百次成真理,真理重复一百次变絮叨。

这时,一个朱姓弟子憋不住,说:阿说,你一边去吧,我们自用朱家钱,何预汝事?

朱说本能地反驳:我也是朱家人,怎么不关我事?

对朱说这句话的回答,是一阵哄笑和冷笑,一阵憋了很多年的哄笑和冷笑,在笑声的后面,是那种根本没有血缘亲情的陌生眼神。

此时,有个老家人拉着朱说的袖子走到一边,附耳而言:"公子,你这么大了,也该知道了,你不姓朱,本姓范,你不是山东人,本是苏州人。你两岁那年,你老父就不在了,是你妈妈带着你改嫁过来的。"

真相揭晓后的朱家大院,从暖春变为寒秋,从繁华变为洪荒,一砖一瓦,曾是那般温馨亲切,如今不堪细看。于是,一张琴,一把剑,一种决然的心情,朱说同学南下了。

朱说不姓朱,到底他是谁?他是范仲淹。决然而去的路途上不是没有牵绊,范母派人急追这个已是"范跑跑"的儿子,范同学留下一番话:"妈妈,请给我 10 年的时间,我要把您接回范家。"

范仲淹墓

范仲淹的压力从这里产生。对天下的焦虑是从对家庭的焦虑开始的。

这样感谢当时的大宋政府,应天府书院藏书数千卷,名师林立,是当时国家一等的综合性学院,居然是免费的! 范仲淹赶着免费读书的好政策,在书院住下来了。

考取功名,不只是个名声问题,还是个独立生存的经济问题,是认宗归祖的荣誉问题,背负着这么多问题的范同学,读起书来可不轻松。他必须得制定一个速成计划,把人家十年的学分缩短到五年学完,把持久战变成闪电战,这个叫以密度换长度,换取考取功名的最终胜利。

庆历五年,也就是他写《岳阳楼记》那一年,范仲淹打了个申请书,请求把自己的高级职称转赠给已过世的继父朱文翰,他深情地表白继父对自己"既加养育,复勤训导",如果他对恩情"此而或忘",那么"己将安处?"自己的脸往哪儿搁呢?

更难能可贵的是,范仲淹并没有停留在读书求功名,孝顺父母,光宗耀祖的层面上,他的压力跟志向成正比,在家庭中栽种成长出来的压力,其清香一直蔓延到整个天下。

以上关于范仲淹的成长心路历程,我们就不难理解《岳阳楼记》里的"先天下之忧而忧,后天下之乐而了"和"微斯人,吾谁与归"的感叹,一"忧"一"乐",就是压力的具体表现。当时是庆历五年,庆历改革开始失败,范仲淹心中的焦虑可想而知。

范仲淹的经历告诉我们,成长成才路上,一定要吃点压力,当然,这压力不能太大,味也不能太苦涩。

爱鹅成痴的王羲之

在中国历史上的各类人群当中，魏晋士人可以说是最有个性的一群。他们的洒脱放达和特立独行实在令后人羡慕不已。

就拿晋代的王羲之来说吧，这位仁兄不爱金不爱银，偏偏喜欢鹅。简直是爱鹅成癖，不管哪里有好鹅，他都有兴趣去看，或者把它买回来玩赏。

鹅走起路来不急不徐；游起泳来，悠闲自在。王羲之不仅爱鹅，也喜欢养鹅，他认为养鹅不仅可以陶冶情操，从鹅的体态姿势、行走姿态上和游泳姿势中，体会出自然就是美的精神以及书法运笔的奥妙，领悟到书法执笔、运笔的道理。他认为执笔时，食指要像鹅头那样昂扬微曲，运笔时则要像鹅掌拨水，方能使精神贯注于笔端。

会稽有一个老妇人养了一只鹅，叫得好听，王羲之想把它买来

王羲之塑像

却没有买到，就带着亲友动身前去观看。老妇人听说王羲之即将到来，就把鹅宰了煮好招待王羲之，王羲之为此叹息了一整天。

又有山阴的一个道士，养了些好鹅，王羲之前去观看，心里很是高兴，坚决要求买了这些鹅去。道士说："只要你能替我抄写《道德经》，我这群鹅就全部送给你。"王羲之高高兴兴地抄写完《道德经》，就用笼子装着鹅回来了，觉得很快乐。

王羲之养鹅还差点闹出人命呢。事情发生在一个老和尚身上，因为这老和尚和王羲之非常要好，常常到王羲之家做客，可是有一次当老和尚离去后，王羲之发现他最爱的一颗珍珠竟然不见了，由于当时并没有其他人在场，自然便怀疑是老和尚所偷走了。

过了几天，老和尚又来拜访，发现王羲之对自己的态度变得非常冷淡，于是私下向仆人打听原因，得知此事，老和尚为了表示自己清白，竟然采取最差劲的手段，上吊自杀了。然而真相终于大白，仆人在白鹅的大便中发现了珍珠。原来，当天老和尚来时白鹅也跟着进来，王羲之当时正在练字见朋友来到便起身去帮和尚倒水，独留和尚和白鹅在书房，而白鹅也趁此机会把珍珠吞到肚子里了，只是当时谁都没看见，因而造成此冤案。

王羲之为此深感内疚，懊悔莫及，于是给和尚立碑，并把自己的屋子改名为"戒珠寺"，自此以后再也不玩珍珠了。

一次，王羲之听说有一道士养着一群白鹅，又赶紧去察看，果然每只白鹅都是雄赳赳气昂昂，十分好看。于是便出高价想购买，没想到道士不肯出售。王羲之只好苦苦哀求，没想到道士说只要你应答我的条件，我就把鹅送给你。

只见道士将文房四宝准备好，便向王羲之说：只要你肯帮我

抄一幅《黄庭经》，我便将白鹅送给你。王羲之一听二话不说便开始奋笔疾书，由于《黄庭经》字数众多，花了半天的时间终于写完。

王羲之像

因为喜欢鹅的缘故，王羲之特地为鹅凿了一个养鹅池，他常常在这个养鹅池旁观察鹅的优雅动作，也常常写"鹅"这个字，希望能把鹅的形象和特点"写"出来。有一次因为写字太过专心，连吃饭时间都给忘了。王夫人因此将点心送到他桌前、并要他快快趁热吃了，王羲之连声答应着，随手就拿起点心在砚台上蘸了几次墨，然后往嘴里塞去，弄得嘴全是墨汁。

因为王羲之的爱鹅和长期的揣摩练字，后来他写的"鹅"字几乎达到活灵活现的程度。

传说有一天，王羲之拿着羊毫毛笔正在写"鹅池"两个字。刚写完"鹅"字时，忽然朝廷的大臣拿着圣旨来到王羲之的家里。王羲之只好停下笔来，整衣出去接旨。

在一旁看王羲之写字的王献之，也是一个有名的书法家，他看见父亲只写好了一个"鹅"，"池"还没写，就顺手提笔一挥，在后接着写了一个"池"字。两字是如此相似，如此和谐，一碑二字，父子合璧，更是成了千古佳话。

图书在版编目（CIP）数据

历史上的囧人囧事 / 王博编著. -- 长春：吉林出
版集团股份有限公司，2014.10
（历史的天空 / 张帆主编）
ISBN 978-7-5534-5657-7

Ⅰ．①历… Ⅱ．①王… Ⅲ．①世界史－少儿读物
Ⅳ．①K109

中国版本图书馆 CIP 数据核字 (2014) 第 221391 号

历史的天空(彩图版)

历史上的囧人囧事 Lishi shang de Jiongren Jiongshi

作　者　王　博
出 版 人　吴　强
责任编辑　陈佩雄
开　本　710mm×1000mm　　1/16
字　数　150 千字
印　张　10
版　次　2014 年10月第 1 版
印　次　2021 年11月第 3 次印刷
出　版　吉林出版集团股份有限公司
发　行　吉林音像出版社有限责任公司
　　　　吉林北方卡通漫画有限责任公司
地　址　长春市福祉大路 5788 号
发　行　0431-81629667
印　刷　鸿鹄（唐山）印务有限公司
ISBN 978-7-5534-5657-7　　定价：45.00 元